真宗文庫

親鸞の仏道

—『教行信証』の世界—

寺川俊昭

東本願寺出版

もくじ

◉第二章　「教巻」に学ぶ……73

◉第三章　「行巻」に学ぶ……157

本書は、二〇一一年に真宗大谷派（東本願寺）の「宗祖親鸞聖人七百五十回御遠忌」を記念して出版された『シリーズ親鸞』全十巻（筑摩書房刊）より、第四巻『親鸞の仏道―『教行信証』の世界』を文庫化したものです。

凡例

＊本文中、史資料の引用については、基本的に東本願寺出版（真宗大谷派宗務所出版部）発行『真宗聖典』を使用した。

＊『真宗聖典』収録以外の引用については、『真宗聖教全書』（大八木興文堂）、『親鸞聖人行実』（真宗大谷派教学研究所編）、『日本思想大系』（岩波書店）、『真宗史料集成』（同朋舎出版）などに依拠した。

＊本書の引用文については、読みやすさを考慮して、漢文を書き下し文に、文字の一部をかなに改め、新字新かなを用いた。また、適宜ルビを施した。

はじめに

『教行信証』とは

現在、親鸞聖人の信仰に、あるいは思想に心惹かれる人は、多くの場合、『歎異抄』によってその内面に尋ね入ろうとします。『歎異抄』は親鸞の語録ですから、いわば、素顔の親鸞聖人、対話の場で自分の信念を卒直に吐露した聖人の面影が、伝えられています。

しかし今回この本では、聖人の語録である『歎異抄』ではなく、親鸞聖人その人が生涯の長い期間をかけて練りに練った思索を自ら書き記した、畢生の書である『教行信証』によって親鸞の思想と信念とを尋ねます。『教行信証』を尋ねるということは、『歎異抄』とは多少違って、いわば姿勢を正して「わが信念」を語っている、しかも壮大なスケールで思想的に自らの信念を語っている、そういう親鸞の面目に触れていくことになると思います。

最初に、『教行信証』の構成を簡単に見ておきます。普通『教行信証』と呼んでいるこの本は、正式の題名は『顕浄土真実教行証文類』と言い、内容は六巻から成ります。

総序（顕浄土真実教行証文類序）
　顕浄土真実教文類一　　教巻
　顕浄土真実行文類二　　行巻
別序（顕浄土真実信文類序）
　顕浄土真実信文類三　　信巻
　顕浄土真実証文類四　　証巻
　顕浄土真仏土文類五　　真仏土巻
　顕浄土方便化身土文類六　　化身土巻
後序（「化身土巻」の跋文）

『教行信証』を読むにあたって

『教行信証』を尋ねるにあたって、確認すべきことを三点ほどあげておきます。第一に、『教行信証』の構造についてです。曾我量深という方は、「教巻」「行巻」二巻を「伝承の巻」、「信巻」以下を「己証の巻」と了解しました。「伝承の巻」では、親鸞が帰入した伝統の仏教、親鸞がそれに因縁を結び、大きな讃嘆と共に仰いだ仏教の内実が表白され、顕揚されています。それに対して「己証の巻」は、この伝承の仏法をどのように主体化していくか、伝統の仏法をどのようにわが信念として内面化し、了解し、身につけていくかを基本的な課題にしています。

今回は、その「伝承の巻」に依りながら、親鸞が仏教をどのようなものとして仰ぎ、表白したのかを尋ねていきたいと考えています。ですから、この六巻の中で今回直接取り上げるのは、初めの「教巻」「行巻」の二巻と、「化身土巻」の跋文＝「後序」の三つです。

「正信偈」は、「帰命無量寿如来　南無不可思議光……」に始まり、真宗の寺院であれ、門徒の家庭であれ、一番大切にし、毎日の勤行に用いる讃歌です。この讃歌は、「行巻」の最後に置かれ、「伝承の巻」を締めくくるような内容をもっています。「正信偈」は正しくは「正信念仏偈」と言います。正信の偈、すなわち信心の讃歌をもって「伝承の巻」の叙述を結んでいます。ですから「教」「行」二巻は、ただ単に親鸞の仏教における教と行とだけを述べるものではありません。親鸞が大きな讃嘆の中に仰ぎ、帰依し、それに依って生きた浄土真宗という仏道の全体が堂々と表白され、顕揚されているのです。『教行信証』のこの部分をテキストにして、浄土真宗の内実、すなわち親鸞の信仰と思想、もしくは精神生活の、内面を尋ねていきたいと思うことです。

第二に、この『教行信証』は、ずいぶん幅広い読み方ができる本である、ということです。一般の理解では、この本は真宗の教義を、一つの整然とした体系として述べたものだとされています。しかし今回は、私はそういう関心に立ってではなく、親鸞における仏教者としての信念の吐露、浄土真宗なる信念の叫びをあえてこの本から聞き取っていきたい。こういう課題と関心とをもって、読んでいきたいと思っています。そして実はこのことが、私の『教行信証』理解の基本的関心でもあるのです。この本は、漢文で書かれています。ですから、表現する言葉は固いです。しかし、内容が固いというのではありません。生き生きとした親鸞の信念が、端的に、堂々と、時に深刻に、表白され、吐露され、断言され、また宣言されています。それを柔軟に読み取ることが、親鸞に向き合う場合大切であると思います。

そして第三に、「教巻」に入る前に、まず「後序」を尋ねていく、ということです。この部分は、親鸞自身が「後序」と名付けているのではなく、「化身土巻」の末巻跋文にあたる部分を、内容から、いわゆる「後序」と呼んでいます。この「後序」によって、われわれは『教行信証』の基本的性格を的確に知ることができます。よく知られているように、親鸞はその数多くの著作にもかかわらず、自分の行実についてはほとんど書き記すことのなかった人です。しかしこの「後序」には、日付まであげて、親鸞の生涯における最大事件であった法然との出遇いを感慨深く記しています。

また、同じように親鸞の運命を変えた、法然の仏教運動に対する厳しい弾圧であった承元の法難についても、激しい感情をこめて記しています。この「後序」によって、われわれは『教行信証』が如何なる状況の中で書かれたのかということを、親鸞の自覚的把握に即して具体的に知ることができます。「後序」は、この本を教義の体系書だとする理解を突破する、その立脚地を持つことができる一つの依り処となるのです。ですから、私はこの「後序」をできるだけ大切に読んでいかなければ、『教行信証』の積極的性格を、十分に了解することはできないと思っています。

以上のような検討のもとに、親鸞聖人の仏道が堂々と、表白、開顕されている『教行信証』の世界を尋ねていきたいと思います

第一章　「後序」に学ぶ

一　親鸞の時代認識

『末法燈明記』の歴史感覚

「後序」に入る前に、親鸞が『教行信証』の中にそのほぼ全文を引いている、伝教大師の書かれたと言われる『末法燈明記』という文章を尋ねます。私たちが生きる時代が、どのような時代であるのか、そのことを凝視することの大切さを語っているからです。ひどく荒廃した人間生活。釈尊とか求道と言っただけで何か白けてくる虚無感。人間が生きる意味を問うこと、つまり人が生きていく上にもつ求道心に対する尊敬の喪失。そういう形で人間生活が荒れてくる厳しい状況を、釈尊の教えのいのちが衰え、消えていくという形で捉え、それを末法という言葉で表すのでしょう。

この末法の世に、人間がどんなに荒れ果てていくかを浮き彫りにするという意味が、『末法燈明記』の名に表れています。これを引用するところに、親鸞の鋭い歴史感覚と現実認識の眼が託されています。時代を末法の世だと捉える醒めた眼が、親鸞には強くあります。人間が荒れていく。まともな人間生活ができる、そんなことは夢でしかない。生きている人間の現実をよく凝視して、そこから眼を離さないリアリストの眼。この醒めた歴史感覚が親鸞の特徴です。

この『末法燈明記』を見ると、そこには実に痛烈な記述があります。末法の世になると、仏弟子である者さえもが、見るに耐えない姿をさらしている。

将来末世《しょうらいまつせ》に法尽《つ》きんとせんに垂《なん》んなんとして、正《まさ》しく妻《め》を蓄《たくわ》え子を俠《わきばさ》ましめん

将来世《しょうらいせ》において法滅尽《めつじん》せんとせん時、当《まさ》に比丘《びく》・比丘尼《びくに》ありて我《わ》が法の中において出家を得たらんもの、己《おのれ》が手に児《こ》の臂《ひじ》を牽《ひ》きて、共に遊行《ゆぎょう》して、かの酒家《しゅけ》より酒家に至らん、我が法の中において非梵行《ひぼんぎょう》を作《な》さん。

伝教大師は経典を引いてこんな描写をされていますが、あるいはこれが平安仏教の現実の一端であったのかも知れません。沙門の姿を保ちつつも、沙門の行を汚して沙門と称する人々が続出する。考えるまでもなく、私なども頭の上げようのないところです。私たちもごく普通に、妻や子と一緒に食事に行くことがあります。レストランかどこかへ行って食事する。一家団欒の極めて和やかな情景です。だがその際、私が袈裟・衣でいたらどうであろうか。形の上で僧侶の端くれの姿を示していたらどうであろうか。この同じ姿を伝教大師は、妻を蓄え子を俠《わきばさ》み、沙門の姿をして酒家より酒家へ飲み歩く者がいる。涙なくしてこれが見られるかと、痛んでいるのではありませんか。

ここまで仏弟子と称する者の生活が荒廃している。なるほど、かつては持戒があったろう。しかしやがて破戒、そして無戒。戒というようなものは、頭から感覚としてもう分からなくなっている。結婚は当然だ。僧侶であろうと人間

（「化身土巻」）

ではないかと開き直る。これが無戒です。親鸞の時代認識は、現代に生きる私たちが振りかざす常識、当たり前だと疑わない権利意識にも、鋭い疑問を投げかけているのです。

仏弟子の生き様

持戒、破戒、やがて無戒。こういうふうに荒廃していく仏弟子の生き様を、親鸞はよく見ていたのではないでしょうか。末法の世、夢みることのできない厳しい現実があるわけです。その中で、仏教者は仏教者らしく生きよ、こう言う人ももちろんあります。「あるべきようは」と語った明恵上人などはその代表です。仏弟子らしくせよと。これは要するに戒律復興です。戒律を守る厳粛な修道生活を取り戻さないと仏教は駄目になると、真面目に叫ぶのが明恵上人です。

しかし親鸞は、それは真面目だけれども、実は時代錯誤だと見たのではないでしょうか。正法、釈尊の在世の時代と違い、釈尊の名が軽蔑され、反感を買うような時代に、われわれは生きている。その状況の中で持戒の修道生活を叫ぶのは、時代錯誤か、そうでなければ虚偽である。あるのは無戒の惨憺たる現実だけであり、その無戒の現実の中に、沙門の姿をなお保っている。この事実のもつ厳粛な意味をよくよく尋ねよ。『末法燈明記』はあえてこのように語ります。「無戒名字の比丘」、保つべき戒ももはや失って、ただ名だけの比丘、形だけの出家、これが続出している。これを単に歎くのではなく、末法の「世の真宝」だと言うのです。

『末法燈明記』の文をあえて引く親鸞の胸中を、われわれはよくよく尋ねるべきではないでしょうか。釈尊以来の厳粛な修道生活という内容は失われたけれども、この形がある限りなお、世にあって本当に大切なことがここに示されている。つまり自分の生活を照らして、真剣に真実を求める生活をしなければならないという厳粛な求道を促す縁が、ここにある。形だけの僧侶であっても、仏教がここにあるということを示す役割は、決して消え果ててはいない。こう言っているのではないでしょうか。

無戒名字の比丘

親鸞はこの文章にとても共感しています。身は妻子をもって生きる。恥ずべく傷むべき、非僧非俗の沙弥の身です。けれども『末法燈明記』によるならば、末法という時代の現実がある限り、なお非僧非俗の身として末法の世を生きる者は、仏法をこの世に証しするという大きな責任が託され、願われているのだ。こういうふうに自覚的に、身の現実を捉えていったのではなかったでしょうか。そこから、無戒名字の比丘という言葉に、親鸞は自分の襟を正して生きていくべき姿を仰ぐのです。伝教大師の『末法燈明記』に照らされて、親鸞が改めて身に感じた仏弟子の身にかけられた大きな責任。無戒名字の仏弟子の身に改めて自覚される、厳粛な責任。身の現実は結婚して妻子をもった破戒の身に動く、末法の世の仏弟子の責任＝痛み。これを親鸞は新たにしたのです。無戒名字の比丘という言葉に、親鸞はそういうものを改めて感じていったのです。その辺りから、自分の結婚生活等を省みて、「愛欲の広海に沈没して」とか「恥ずべし、傷むべし」と自らの姿を告白しているのではないでしょうか。

この無戒名字の比丘の姿を、親鸞が生きた時代の日本の状況の中でより具体的に表すと非僧非俗の沙弥となるのだろうと思います。親鸞は自らを、進んで比丘と名のるのではなく、『末法燈明記』の言葉を謹んで聞いているのです。こう捉えると、むしろここにはある意味での決着があります。つまり安らぎがそこにあります。このようにしか私は生きていけないのだ。妻子をもったこの生き様で、自分は人間としての業を果たしていくのだという安らぎが感じられます。

「愚禿釈親鸞」の名のり

こういうような無戒名字の比丘と非僧非俗の者という重層的な自覚が、『教行信証』を書くときの「愚禿釈親鸞」という自らの名のりにおいて、禿《とく》の一字に託されています。親鸞という人は、一所懸命に一日一日を生きていく。そこに感じられるさまざまな思いを、先師の厳しい言葉に照らし、あるいは周辺に生きている沢山の生活者の姿に照らして、自分は一体何者なのか、自分は一体何者として生きようとするのかを、繰り返し自分に問うていったに違いありません。その中から、愚禿、すなわち愚かな非僧非俗の沙弥であるままに、しかも仏弟子とされた親鸞、こういう痛みと、責任感と、安らぎと、信念とが、複雑に動いているあの「愚禿釈親鸞」という名のりが、生まれてきたのであろうと了解するのです。

同時に、この禿に、愚という言葉がつけられています。愚かな禿人。このことがまた、親鸞は正直な人、リアリストだと思わせることです。自分を正当化したり、夢みたりしないで、生身をもち妻子をもち、けれどもそのまま仏弟子とされたという信念をもって生きている自分をよく見ています。この愚とついていく材料は、否定しようもなく家庭生活にあったと、私には思われてきます。家庭をもって暮していく中で、人間であることの愚かさというものに気づかないことはあり得ません。例えば愚痴、この大変に人間臭い行為がありますが、家庭という、戒律においてまさに厭離すべき場所に身を置けば、それがどれほど愚痴の強力な縁になることか。

あの戒律を守って厳しい宗教生活を生きている法然も自らのことを「愚痴の法然房」と表白しました。世間の人は「智慧第一の法然房」と、尊敬を込めて呼んでいたあの法然が、自己を語る時にはいつもこのように告白をしていたと伝えるのです。法然が師と仰いだ中国の善導大師も、「我等愚痴身」と表白しています。親鸞が出遇い、大きな尊敬を捧げた祖師たちが、「愚痴の法然房」と言い、「我等愚痴身」と自己告白している。このお二人にあるのは、非常に厳しい戒律を守っての宗教生活です。善導大師などは、「半金色の聖者」という言葉を、当時つまり八世紀の長安の人が大師に捧げたほどの聖僧なのです。その善導大師が「我ら愚痴の身」と告白され、真宗興隆の大祖源空法師は「愚痴の法然房」と自己告白をなさっている。これは、私たちが仏教を学ぶときにとても大切で厳粛な表白ではないでしょうか。

私たちも家庭生活を送ってみれば、人間が愚痴の身に帰らざるを得ない場面が続出します。たまたま愚かだというのではなく、愚かな者としてしか生きていけないのだという、自覚的な眼を賜《たま》わるのです。そこに表白されたのが、愚なる禿人。けれども師の教えに値遇することの恩恵として賜わった本願の信、それによって愚なる禿のままに仏弟子とされた。このような実感と自覚とを託しつつ、愚禿なる釈の親鸞、このように名のる一人の仏者として、親鸞は群萌の真っ只中に、自分の生きる場所を確かに見定めたのです。そして群萌とし雑草として、石・瓦《かわら》・礫《つぶて》の如く生きる同時代の生活者を、友とし同朋として仏道を生き、浄土の道を生きようとする。こういう大きな願いという形で、親鸞が獲た信心が生きられていったのです。如来に助けられてありがたい、ここに立ち止まるのではなく、全ての人と一緒に助かっていかなければならない。こういう願いとして本願の信が親鸞を生かし、動かしていったのではないでしょうか。その思想的表現が『教行信証』なのです。

二　『教行信証』製作の事由

『教行信証』の「後序」

それでは『教行信証』のいわゆる「後序」を尋ねてまいります。親鸞は「後序」において『教行信証』製作の事由を述べるのですが、その事由の最初に述べられていること、それは承元の法難についてです。承元の法難とは、法然の仏教運動に対して奈良興福寺の告発があり、それによってなされた朝廷の命による弾圧です。これに連座して、親鸞の人生も大きく変わった出来事です。

この承元の法難の記述に始まる「後序」の要点を拾ってみると、親鸞は師法然と共に流罪となることが記され、このことを縁として、以後「愚禿」と名のることが次に出てきます。その信仰ゆえに法然と運命を共にした深い因縁と、非僧非俗のゆえに愚禿と名のるという、親鸞の名のりの所以《ゆえん》が記されるのです。そして法然の命終を記したあとに、法然との出遇い、その具体的内容としての『選択集』の付属が細かに記されていきます。ここで親鸞は、法然との出遇いの事実を、

しかるに愚禿釈《ぐとくしやく》の鸞《らん》、建仁辛《けんにんかのと》の酉《とり》の暦《れき》、雑行《ぞうぎよう》を棄《す》てて本願に帰す。

と、法然に遇ったということは、法然の教えによって回心したというにほかならない、という回心の事実として語ります。それは、初めて仏法の智慧を得たことにほかならない。このように親鸞の人生にとって最大の意義をもつ出来事が述べられていきます。それに続いて『選択集』の付属という事実が、

元久乙《げんきゆうきのと》の丑《うし》の歳《とし》、恩恕《おんじよ》を蒙《かぶ》りて『選択《せんじやく》』を書《しよ》しき。

と、大きな謝念をこめて書きつけられます。『選択集』の付属とは、法然の主著であり、浄土宗独立の宣言書とも言うべき『選択集』の書写が許されたことです。さらに法然の肖像を写すことも許されています。このことは、法然から親鸞に、自分の信仰を、あなたは正しく、そして確かに受け継いで欲しい、こういう願いが託されたことを意味します。

そして最後に、『教行信証』を書く願いが鮮烈に述べられて、「後序」が、そして『教行信証』の全体が締めくくられていきます。親鸞は、中国の道綽という祖師の言葉を引いて、それに託して、この書を書く願いを表明します。

真言《しんごん》を採《と》り集めて、往益《おうやく》を助修《じよしゆう》せしむ。何となれば、前《さき》に生まれん者は後《のち》を導き、後《のち》に生まれん者《ひと》は前《さき》を訪《とぶら》え、連続無窮《れんぞくむぐう》にして、願わくは休止《くし》せざらしめんと欲《ほつ》す。無辺の生死海《しようじかい》を尽《つ》くさんがためのゆえなりなぜお前は、この本を書くのか。それは、「無辺の生死海を尽くさん」、すなわちすべての苦しみと迷いの中にいる人が、ことごとく救われなければならないとの願いが、私の中に大きく動くからである。こういう大乗仏教の根本の願いを表明する言葉をもって、『教行信証』は結ばれます。全体として、大きな仏道の情熱が動いていることが強く感じられます。

三　よき人との出遇い

法然との出遇いの感銘

この「後序」第二節に記されている法然との出遇いについて、ここには、「建仁辛の酉の暦」（建仁元年）とか、「元久乙の丑の歳」（元久二年）とか、あるいは「初夏中旬第四日」（四月十四日）とか、「閏《うるう》七月下旬第九日」（閏七月二十九日）というふうに、年月日の日付が書きつけられています。法然上人に遇ったのは、建仁元年のことであった。『選択集』の書写を許されたのは、元久二年のことであった。それを写し終えたのは、元久二年の四月十四日であった。その折、併せて法然上人の真影を図画することが許され、画き終わったのは閏七月二十九日のことであった。このように年月日が書きこまれていることは、注意すべき点です。この『選択集』書写が行われたのは、聖人三十三歳の時です。『教行信証』がほぼ書き終えられたのは、親鸞が七十四、五歳の頃ではなかったであろうかと想像されていますから、その間に約四十年の年月が経っているわけです。四十年前の出来事を、あるいはメモがあったのかも知れませんが、それにしても月日をあげて細かに記す。それほど親鸞にとって、法然との出遇いは決定的な出来事であったのでしょう。月日まで記憶せずにはおられなかった。

つまり、決して忘れることができなかったことなのです。『教行信証』という、公開を予想した堂々たる論文に、自分の一身上の出来事を日付まであげて記すということは、よほど法然上人との出遇いの事実が、仏道を語り明かそうとする親鸞にとって大切な意味をもつ出来事であったということを物語っているのではないでしょうか。

親鸞聖人は『教行信証』以外にもずいぶん沢山の著作をあらわした人ですが、その数多くの著作の中に、いわゆる個人的な一身上の事柄を述べたものはほとんどありません。ただひとえに、仏道について情熱的な思索を書き記しておられるだけです。ところがその親鸞が、主著である『教行信証』の「後序」の中で法然との値遇を述べる時に、日付まで入れて、例えば「夢の告によって、綽空の名を改めて新たな名（現在私はこの名を「親鸞」であると了解している）を名のることを申し出、法然上人がそれを許してくれた。あれは何年何月何日のことであった」。こういうふうに記しているのです。それだけではありません。法然のもとで浄土の仏道を学ぶ中で、ずいぶん多くの生涯忘れることのできない出来事があった。あれから幾十年も経った今でも、あの時のことを思うと涙が出てくる。

仍《よ》って悲喜の涙《なみだ》を抑《おさ》えて由来《ゆらい》の縁を註《しる》す。

このように記してさえいるのです。建仁元年、二十九歳の時、法然上人の教えに全身をあげてうなずくことができた。その法然上人のもとで、三十五歳、承元の法難で流罪になるまで足かけ七年間、真実の教えに遇った喜びの中で仏教を学ぶことができた。そこには法然というよき師があり、さらに隆寛、聖覚あるいは熊谷蓮生等々の、生涯を貫いて友情を保ち続けていったよき友があった。このよき師よき友に恵まれた中で、自分は感激と喜びを深々と感じながら仏教を学ぶことができた。あの時のことを思うと、今でも涙が出てくる。「後序」に親鸞聖人は、このような正直な思いを吐露しているのです。

われわれが仏教の論文を書く時、おそらく「悲喜の涙を抑えて」というようなことは、書きはしないでしょう。しかし親鸞は、その全力を集中し、真正面から仏教を思想的に明らかにしようとするこの『教行信証』を書くに当たって、涙なくしては思い起こすことのできない法然との出遇い、それを感慨深く記しているのです。おそらくそこには、自分が『教行信証』を書いて、仏道ここにありと高らかに叫ぶのは、ひとえに法然上人との出遇いと、その事実が促す仏者としての責任感に動かされてであるというような思いが、強くはたらいていたからに違いないであろうということが、こういう表白からよく感じられてくることです。

近代真宗の先師たち

私たちが仏教を学ぶ際の大切な師として、あるいは曾我量深、あるいは暁烏敏というような方々がおられます。大正・昭和の浄土真宗を背負って立ったこれらの方々は、共に明治の清沢満之先生の弟子なのですが、清沢先生の住居で産声を上げた仏教の塾である浩々洞《こうこうどう》で、その青年時代に共同生活を送った方々です。清沢満之の名を知り、浩々洞の名を知っておいでの方々は、それが明治中期の仏教復興運動の中心となった精神主義運動の場であったこともご存知かと思います。この浩々洞において、清沢先生の感化のもとに仏教を学んだ暁烏先生が、晩年に自らの浩々洞での青春を回想して、「あの頃のことを思うと、今でも涙がこぼれる」と述懐しています。青年時代という、人の一生にとって大切な時期に、よき師にめぐり遇い、またよき友に恵まれた。その篤い交わりの中で、自分は青春の情熱を傾けて仏教を学ぶことができた。仏教を学ぶとは、道元が、

仏道をならうというは、自己をならうなり。（『正法眼蔵』）

と言った通りですから、仏教を学ぶことにおいて自らを学び、力を尽して「自己とは何ぞや」という、人間にとって最も根本的問題を問い、また一人の人間として、「如何にこの世を生きるべきか」を、真剣に問い、語り合い、考え抜いてきた。そういう、よき師清沢満之のもとに仏教を学んだ自分の青年時代を回想して、暁烏先生は「今でも涙がこぼれる」と語ったのでしょう。こういう身近な先輩の述懐を聞き、親鸞聖人が「仍って悲喜の涙を抑えて由来の縁を註

す」と、よき人法然上人のもとで仏教を学んだ時期の、忘れがたい出来事を記しているのを見る時、おそらくそこには、このような暁烏先生の述懐と全く同じ思いが、親鸞に強く動いていたのであろうと思うほかはありません。よき師にめぐり遇うことができた、よき友が与えられた。そこで自分は、仏教の学びにおいて人生の一大事を聞き、語り合うことができた。これが一番具体的な仏教の恩徳なのではないでしょうか。

『教行信証』は、姿勢を正して堂々と仏道を顕揚する厳粛さと厳密さをもった本です。けれどもそこに流れているのは、非常に純粋な、値遇の感覚、値遇感、遇うべきものに遇うことができたという、大きな感動、そして非常な喜びなのです。『教行信証』製作の事由を述べる「後序」を読む時、私は最初にこのことを強く感じます。

四　承元の法難

法然の弟子という自覚

親鸞の生涯で決定的な意味をもっている出来事は、二十九歳の時に始まる法然の教えとの出遇いです。その出遇いの事実が呼びおこし促した責任感と使命感が、親鸞が『教行信証』を書く一番もとのところにあります。それならば製作の事由を記す「後序」は、法然との出遇いをまず書くべきでしょう。しかしそれに先立って「後序」は、最初に承元の法難を記しています。実はこのことが、『教行信証』を書く親鸞の立場を、あるいは『教行信証』を書かなければならなかったその状況を、親鸞自らがどのように捉えていたかを、われわれに告げているのです。この承元の法難を最初に述べている理由を尋ねて、私は二つのことが思われてくるのです。

第一は、『教行信証』をどうしても書かなければならない理由を告げている、ということです。なぜ親鸞はこの書をどうしても書かなければならないのか。それはこういう事情があるからだと、製作の事情を述べようとしているということです。今一つは、『教行信証』を書くお前は何者だ。このことを自覚的に述べようとしている、ということです。『教行信証』を書く主体である親鸞、それは何者であり、どのような者としてこの書を書くのか、これを自覚的に述べ、告げようとしているということです。

承元の法難によって、親鸞は法然と共に流罪となりました。信仰ゆえに共に流罪となるという形で、親鸞は師法然と運命を共にしました。けれどもこのことによって、法然と親鸞との師弟関係は決定的になったと、私は考えます。同じ信仰に結ばれて、逃げも隠れもせずに師と運命を共にする。自他共に認めるはっきりとした形で、自分は法然の弟子だということを、親鸞は流罪という逆境の中で、改めて確かめたに違いないのです。こうして改めて確かめられた法然の弟子であるということの大切な意味、のみならずこのことが親鸞に呼び覚ます自重の思いと責任感、これを「後序」で承元の法難を記す中で、親鸞は確かに語っています。このようなことが私たちに強く響いてくることですから、このことをまず語り告げようとして、親鸞は最初に承元の法難を記したのであろうと思うのです。

承元の法難を記す親鸞の文章は、かなり固く厳しいものです。あたかも石に刻みつけるような文体で、この日本仏教の悲劇であった法難の事実を書きつけています。一体、親鸞という人は、人間的には非常に強い個性をもった、あえて言えばわが道を往くというような面目の強い人ではなかったでしょうか。肖像などが伝えるあの顔つきをみても、譬えて言えば「誰が何といっても、これはこうだ」というふうな、強い意志をもってわが信念を生き抜こうとした面影が感じられてなりません。そういう親鸞の面目の一面が、この承元の法難の記述にはずいぶん強く出ているように思われます。あの後鳥羽院に対しても、

主上臣下《しゆしようしんか》、法に背《そむ》き義に違《い》し、忿《いかり》を成し怨《うらみ》を結ぶ。

と、きっぱりと言い切っているのですから。こういうきっぱりとした批判をした人は、おそらく日本の仏教者の中では親鸞以外にはないだろうと言われています。よほど激しい感情が、承元の法難について親鸞には動いていたのではないでしょうか。この承元の法難が『教行信証』「後序」の文章として書かれた時には、事件が起きてから数十年経っていますから、事件の当時に動いたかも知れない激しい憤りは、一応静まっていたと考えるのが自然でしょう。ですから言葉は一応穏やかになり、むしろ事件の核心を正確に捉え、告げようとする確かな文章となっています。けれども、親鸞はこれを書く時、やはり感情が激しく動いてくる、それは憤りの感情といってよいのでしょうが、それが激しく動いてくるのを抑えかねる趣きがあったのではないかと、私は今この文章を読む時、思われてならないのです。

鎌倉新仏教の展開と軋轢

承元の法難は、法然の仏教運動に対する大きな弾圧ですが、これだけが突発的に起こったのではありません。親鸞の在世中、法然の仏教運動に対してなされた弾圧が、実は三度あるのです。いわゆる元久《げんきゅう》の法難、承元《じょうげん》の法難、嘉禄《かろく》の法難です。「後序」が記すのは、このうち承元の法難だけですが、親鸞は、法然の仏教運動に対してなされた、あと二つの法難をよく知っているのですから、これを承元の法難に代表させて、うち続く法難の本質をえぐり出しつつ、ここに記したのではないでしょうか。

一体、法然の仏教運動と言いますと、一言でいえば鎌倉時代の新仏教運動の先駆という意義をもつと理解されています。完全に国家の体制と一体となった平安仏教に決別して、法然の念仏の高らかな顕揚から、日本仏教に新しい地平が開かれてきます。言うならば、完全に日本人のものとなった仏教、日本の生活する大衆に根をおろした仏教が、改めて歩み始めます。こういうふうに法然の仏教運動の歴史的意義を捉えることができるのですけれども、しかしその仏教運動の実際は必ずしも平穏ではなく、かなり騒然とした、社会的に一つの波乱をひき起こし、物議をかもした形で、展開していったのです。社会的にさまざまな非難さえ、呼び起こしてしまった。そのため法然の仏教運動は、すんなりと平穏に進展することができなくて、ずいぶん幾多の曲折を経なければならなかったのです。遂には法然自身も流罪となり、のみならずその門弟四人は死刑にさえなるという、大きな悲劇さえ生まれてきます。非常に厳しい社会的な緊張関係の中で、法然の仏教運動は展開し、そのために法然は苦難に満ちた運命を辿ったのです。もしキリスト教の言葉で言うならば、十字架を背負ったのです。それまで仏道と全く縁のないままに、暗い精神の闇を生きていかなければならなかった日本の古代、中世の庶民に、救いの明るい世界をもたらすために法然は十字架を背負ったのだ。こういう感銘をもってしか、私は法然の生涯をみることができません。

親鸞が法然の門弟となって間もない頃、その仏教運動に対して最初の弾圧がきます。それが元久の法難と呼ばれる事件でした。時に法然七十二歳、親鸞三十二歳の年です。この法難は、法然の仏教運動に対して発せられた、比叡山の威力的警告といったらよいのでしょうか。ご存知のように、当時の比叡山と言いますと、日本仏教の根本道場として宗教的権威を誇る大教団であるのみならず、僧兵が代表するような社会的権力もしくは実力を併せもつ強大な集団です。山法師たちの、宗教的というよりも呪術的な力と武装した暴力とを擁する、恐るべき集団です。この比叡山が警告を発したということは、非常にこわいはずです。山法師たちの暴力を伴う弾圧がすぐに予想されるのですから。

法然の声望

多少事情はこみ入りますが、法然の仏教運動は法然一人によって担われていたのではなく、法然と共に、その周辺に集った数多くの門弟たち、むしろ念仏聖《ひじり》たちによって担われていたと言うべきでしょう。当時の日本仏教は、比叡山のような諸大寺に籍を置くいわゆる僧侶によってだけではなく、その周辺にいる無数の宗教者たち、例えば念仏聖たちによっても担われていたのですが、その沢山の野にある仏教者である念仏聖たちが、法然という類い稀な念仏の指導者を得たことによって、宗教的に非常に勇気づけられ、感奮興起していきました。法然はその門弟三百八十余人と言われていますが、この意味で念仏聖の棟梁と言われる位置に、いつしか立つ趣きが強かったのです。当時の日本で、最も大きな社会的影響力をもつ宗教的指導者、こういう位置を法然はいつしか持つこととなっていたのでした。例えば源平の争乱で、あの東大寺大仏殿が兵火のため焼失していますが、その再建を誰が担うか、この国家的大事業を誰が担うかと言う時、すぐに白羽の矢が立ったのが法然でした。それ位の大きな社会的声望をもった人だったのです。ですからその法然のもとに集った念仏聖たちが、自分たちのよき指導者を得て、その念仏の信仰が法然によって鼓舞せられ、さらに仏教として確かなものに理論づけられもしました。そしてこのことに勇気づけられて、ずいぶん活発な宗教活動を展開していきました。これがはからずも物議をかもしたのです。

大体は、社会的な秩序の破壊、伝統的な仏教への挑戦という非難です。それで比叡山は放置できなくなり、比叡山の名において、法然に警告を発したのでした。当時法然は、名目上は依然として比叡山教団に所属しておりましたから。

この警告を受けた法然は、すぐに誓約書を書いて天台座主に提出して自重を誓い、さらに「普く予が門人と号する念仏上人等」へとして七カ条の禁止事項をあげ、門弟たちに参集を求め、署名を求めています。いわゆる「七カ条制誡」です。百三十人ばかりの署名者の中に、親鸞も「僧綽空」と署名していますす。綽空というのは、法然から頂いて当時の親鸞が名のっていた名前です。これが元久の法難です。こういう雌伏の姿勢を法然がとりましたので、比叡山は一応諒承し、警告以上の措置はとらなかったのでした。

『興福寺奏状』

ところが、法然の仏教運動は都にとどまらず、日本中に広く波及していましたから、これに厳しい批判の眼を向けていた南都の興福寺が、法然の仏教運動に対する非常に厳しい告発を、朝廷に対して行ったのです。比叡山の方は、法然は一人の天台沙門、すなわち比叡山教団に籍を置く学徒の一人だというので、いわば教団内の処置で事を行ったのでしょう。しかし興福寺は教団が違います。法然の仏教運動は国家の秩序に対する危険な挑戦であるから、宜しく法然の仏教運動を禁止し、法然を処罰してほしい。こういう念仏禁止を朝廷に求めた告発状を提出したのです。これがいわゆる『興福寺奏状』です。この『興福寺奏状』の提出は、「後序」の記述の中では、

ここをもって興福寺《こうぶくじ》の学徒、太上天皇諱尊成《だいじょうてんのういみなたかなり》、今上諱為仁聖暦《きんじょういみなためひとせいれき》・承元《しょうげん》丁《ひのと》の卯《う》の歳《とし》、仲春上旬《ちゅうしゅんじょうしゅん》の候に奏達《そうたつ》す。

とあり、親鸞も承元の法難の引きがねとして注意したことを告げています。作家の野間宏氏が岩波新書に『親鸞』をお書きになっています。その中で氏は、親鸞が『教行信証』を書いたのは、この『興福寺奏状』に対する応答、駁論《ばくろん》的応答としてではなかったかという見解を提起しておられます。私は必ずしもそうではないと考えますが、ともかくこの『奏状』で、興福寺は法然の仏教運動がもつ重大な問題点を九つあげ、このような無視することのできない危険な問題性をもつ運動であるから、放置すれば国家が危殆《きたい》に瀕する。朝廷は宜しく法然の仏教運動を禁止せよと、強く朝廷に迫ったのでありました。

この告発を受けとった朝廷は、大いに弱りました。興福寺のもつ社会的勢力は無視するわけにいかず、さりとて、法然は別に国家に対する反逆を行っているわけではない。いささか激しい形で、念仏を強調しているのだが、念仏はもとより仏法である。仏法を勧めたことを理由にそれを罪したならば、そもそも国家の平安を願う政治そのものが成立しなくなるではないか。このような正論が朝議を支配し、それに加えて法然の帰依者であった関白九条兼実などの奔走もあり、朝廷は容易に興福寺の告発を認め、実行しなかったのです。

松虫・鈴虫の事件

ところがたまたま起こった一つのトラブルが、事態を急展開させることとなりました。いわゆる「松虫・鈴虫の事件」として伝承されている出来事です。後白河院の亡きあと、当時の日本の実力者は後鳥羽院でした。よく知られているように、承久の変を起こして敗北し、鎌倉幕府によって隠岐に流罪となり、そこで命終された上皇です。この後鳥羽院がたまたま紀州熊野へ参詣なさっていた留守の間に、一つの事件が起きた。法然の門弟の中に、安楽房、住蓮房という若い人がいたのですが、彼らが東山鹿ヶ谷の辺りに草庵を営み、そこで別時念仏の会を開いて、人々を勧化しておりました。考えてみると、当時仏教の重々しい儀式が行われるのは、然るべき寺か、貴族の邸宅においてでしょう。庶民の家で、魅力ある奥ゆかしい仏教儀礼が行われるということは、まずないのです。そういう状態の頃、法然の門弟たちは独特の新しい仏教儀式を作り、それまで然るべき寺々の儀式に参詣することのなかった庶民たちに、積極的に結縁していったのです。浄土教の祖師善導の『六時礼讃』に独特の節をつけて歌い、念仏を称え、法話をする。こういう新しい儀式と教化の形を創出して、法然の「ただ念仏」の教えを庶民の中に伝えていたのです。そういう別時念仏の会を安楽房・住蓮房が営んでいた中に、たまたま後鳥羽院の後宮に仕える松虫・鈴虫という名の女房が二人、参詣していた。彼女らはこの法会にお参りして身にしみて感じるものがあり、遂に許可なく出家したと言われています。あるいはまた、院の女房たちのところに安楽・住蓮が招かれてそこで別時念仏を営み、そのまま無断宿泊をした、とも言われています。真相はともかく、後鳥羽院に仕える女性たちと、法然の門弟との間に、何かスキャンダラスな噂を呼ぶような事件があったというのです。そのことが、熊野参詣から帰られた院の耳に入り、院は激怒された。この方は、頼朝亡き後の鎌倉幕府と覇権を争い、一戦交えても朝廷の権勢を奪回しようとしたあの承久の変の先頭に立ったほどの人ですから、ずいぶん気性も激しかったのでしょう。ですからこの噂に接して、激怒なさった。そのことによって、慎重審議ということで保留になっていた、法然を罪しその念仏の仏教運動を禁止せよという、あの興福寺の要求がにわかに執行されることとなったと言われます。もちろんこの背景は、伝承ですから、史実とは言えません。

しかし実際に、住蓮房・安楽房がまず逮捕される。やがて法然も逮捕される。二、三カ月のうちに、次々と逮捕者が出てきます。法然はじめその「ただ念仏」の教えに結集した門弟たちが、次々と罪せられていきました。社会の底辺で生きあぐねている人々こそ、本当に救われなければならない。だからこういう「末代濁世の凡夫」が本当にたすかる道を明らかにせずして仏法と言えようかと、選択本願の念仏を世に捧げている法然が、たとえ上皇とはいえ、個人的な怒りのために逮捕され、流刑に処せられていく。あまつさえ、門弟の四人は死刑にさえなっているのです。これが「後序」が記す、承元の法難のあらましです。親鸞が憤りを感じたのも、当然のことだったと思います。参考のため、『歎異抄』が伝えているこの法難の要点を掲げておきましょう。

後鳥羽院御宇《ごとばいんぎょう》、法然聖人《ほうねんしょうにん》他力本願念仏宗《たりきほんがんねんぶつしゅう》を興行《こうぎょう》す。于時、興福寺僧侶敵奏之上、御弟子中狼藉子細あるよし、無実風聞によりて罪科に処せらる人数事。

一　法然聖人並御弟子七人流罪、また御弟子四人死罪におこなわるるなり。聖人は土佐国番田　という所へ流罪、罪名藤井元彦男云々、生年七十六歳なり。

親鸞は越後国、罪名藤井善信云々、生年三十五歳なり。

浄円房備後国、澄西禅光房伯耆国、好覚房伊豆国、行空法本房佐渡国、幸西成覚房・善恵房二人、同遠流にさだまる。しかるに無動寺之善題大僧正、これを申しあずかると云々

遠流之人々已上八人なりと云々

被行死罪人々。

一番　西意善綽房
二番　性願房
三番　住蓮房
四番　安楽房
二位法印尊長之沙汰也。

五　嘉禄の法難

『選択集』と『摧邪輪』

法然の仏教運動に対する弾圧は、これで終わったのではありません。法然の死後、嘉禄の法難と呼ぶ三回目の法難が起きるのです。それは親鸞五十五歳の頃です。

流罪が許され、しかしながら京都に帰らないで、なお越後にとどまっていた時のことです。『選択集』は法然の主著ですが、その内容があまりに激しいために、生存中は非公開にしていたものでありました。それを、法然入滅ののち、遺弟の中心であった隆寛が中心になって出版したのです。ところがかねて法然が怖れていた通り、直ちにそれに対する反駁書が書かれてしまった。明恵上人、伝統仏教を背負って立つ気概をもったこの人が、しかもかねて法然の徳を慕っていた明恵上人が、出版された『選択集』を読むや否や、直ぐに筆を執って徹底的な批判の論を書いたのです。『摧邪輪』がそれです。菩提心論を中心にした堂々たる大論文です。明恵上人はこの書で二つの問題点を指摘して、『選択集』の主張に対して真っ向から批判しています。第一は「菩提心撥去の失」、第二は「聖道門をもって群賊悪獣に譬うるの失」です。

殊に第一の、菩提心の否定を指摘した点が根本的のように思われます。ご承知のように法然上人は、専修念仏という旗印を高く掲げて、末代濁世の凡夫のたすかる道は、念仏一つと、端的にしかも大らかに、往生浄土の道として念仏を世に捧げていきました。注意しなければならないことは、このきっぱりとした念仏の選び取りが、同時に念仏以外のあらゆる宗教的行為を、選択本願に純潔に帰するからこそきっぱりと捨て去るという、いわゆる選択廃立《はいりゅう》の決断を踏まえていることです。その念仏を選び取るがゆえに捨て去る諸行の中に、法然は「発菩提心」を含めて語っているのです。この一点が、真面目な仏教者であった明恵上人には、絶対に許すことのできない法然の主張だったのです。菩提心こそ仏道のすべてを支える根本であり、菩提心を否定したならば、仏教は成り立たない。だから法然がいかに時機相応の法として念仏を高調しようとも、その全体が非仏教の主張ではないか。こういう鋭い論難です。法然が強調するように、大衆の救いということは大切であるとしても、仏道の基礎と言うべき菩提心を捨ててただ念仏というのは、所詮大衆におもねることではないか。こういうある意味で、仏教の本質に関わるような、言い換えれば法然の仏教運動の肝腎を突くような厳しい駁論が、『摧邪輪』で強く提起されることとなったのです。

論戦の末の法難

承元の法難のような暴力的弾圧は、厳しいけれども本当は何でもないのでしょう。しかし今、明恵上人が『摧邪輪』で突きつけた思想的批判は、法然の仏教運動が仏教の運動として立つか倒れるかという、その命脈にかかわるような根本的批判と言わなければなりません。ですから法然の門弟たちは、どうしてもこの論難に対して、『選択集』を弁証しなければなりません。それをせずして何の法然の門弟ぞ、こういう責任感が動いて当然ではありませんか。実は早くから高足の弟子たちには、『選択集』の大切な内容について自分の了解を記した、その意味で『選択集』の精神と事業に応答し、継承しようとする著作が書かれておりました。それがやがて『顕選択』とか『扶選択』という、はっきりと『摧邪輪』の批判に対して『選択集』を弁証しようとする願いをもって書かれた論文に凝集していくのです。当然他面には、『弾選択』というような、『選択集』に対する論難の書も次々と書かれ、『選択集』の出版はこうして、日本仏教の歴史上、最大の論戦を生むという、大きな波乱を巻き起こすこととなっていきました。

ところがこの『選択集』をめぐる批判、反批判の論戦の中で、『弾選択』を書いた比叡山の学僧定昭を、隆寛が批判した言葉の中に、

汝の破の当らざるは、闇夜の礫の如し。

（『法然上人行状絵図』）

という指摘は的はずれであるという一言があり、これが騒然たる物議をかもして、再び比叡山による法然教団の徹底的な弾圧が行われたのです。これが嘉禄の法難と呼ばれている、法然歿後に起こった、その仏教運動に対する大きな弾圧です。

比叡山の大衆によって『選択集』の版木が没収され、大講堂の前庭で焼却。非常に厳しい出版禁止です。さらに、法然の墓をあばいて遺体を賀茂川へ流すことが決定しています。死体に鞭うち、辱めるということですから、怨念と言

うほかはないような、凄まじい処罰ではないでしょうか。もっともこの計画は、事前に察知した門弟たちが、その前の晩法然の遺体を奉じて嵯峨野へ逃げ、やがて粟生の光明寺で荼毘にふしたことによって事なきを得はしました。しかし隆寛らの、法然亡きあとの専修念仏教団の指導者たちは、陸奥などへ流罪になりました。こういう過酷な弾圧が再び起きてしまうのです。

親鸞の痛みと悲しみ

この時親鸞は五十五歳、関東における教化の真っ只中におり、さらに元仁元年、五十二歳の日付が『教行信証』にあることからも知られるように、『教行信証』の草稿に全力をあげて取り組んでいる最中であったと考えられます。その親鸞の耳に、嘉禄の法難の情報はすぐに伝わったでしょうが、おそらくは「また起こったか」という、大きな痛みを感じたに違いありません。われらの師法然の辿った運命、思えば痛ましい。生前に度重なる法難に遭わなければならなかったのみか、死後までその遺体が辱められようとする。何という痛ましいことであろうか。この事実を、誰か悲歎なくしてみることができようか。こういう思いが、おそらくは親鸞に強く動いたことでしょう。逆に、こういうことをあえてしなければならない比叡山、それが代表する伝統仏教もまた痛ましい。それほどにまで退廃しているのであるか。法然と伝統仏教と、意味はもちろん違いますが、この両方に対する痛みと悲しみとを、親鸞は強くもったに違いないと思われます。

六　『教行信証』製作に込められた願い

執筆の背景

元久、承元、嘉禄の法難と、法然の「ただ念仏」の仏教運動に対して、伝統仏教の側から繰り返して弾圧が行われる。なぜこんなことがおこるのか。日本仏教の現実に対する痛みが、一人の仏教者としての親鸞の身に強く強く動いていました。「後序」の文章を読む時、私はいつもこういう親鸞の悲歎が強く響いてきます。法然の仏教運動は、末代濁世の凡夫の救いを願いとしています。古代から中世の日本社会の末法濁世と言われる厳しい社会状況に生きて、しかも生きあぐねている人々が本当に救われる道を、自ら一人の時代の子として苦しんだ法然が、選択の本願に帰してただ念仏するという念仏往生の一道に見出し、自分の救いをかけて世に捧げて行った。「ただ念仏」を旗印とした法然の仏教運動が、こうして展開していったのです。これがはからずも度重なる弾圧を受けることとなる。しかも同じ仏教の伝統教団から。流刑が行われ、死刑さえ行われる。こういう過酷な形をとった法難が起き、それによって法然の仏教運動は、社会的な面ではその教えによって形成されてきた念仏の教団が解体させられていきます。専修念仏は禁止され、中心的指導者を失ってバラバラ。加えて思想的には、『選択集』の精神が伝統仏教の立場から、殊にそれを代表するすぐれた学僧たちから、徹底的な批判を受けてきます。このように捉えることのできる、度重なる法難が凝集的に表している状況が、親鸞が筆を執って畢生の思想的事業として『教行信証』を書かなければならなかった状況ではなかったでしょうか。『教行信証』製作の事由を述べる「後序」が、その冒頭にまず承元の法難を聖道仏教への悲歎を踏まえて厳粛に記しているのは、このような『教行信証』を書く親鸞の状況把握を読者に告げようとしているのではないでしょうか。

『選択集』の根本精神

自分のかけがえのない師の信仰運動が、のみならず自分も大きな使命感と情熱とをもって召され、参加した信仰運動が、思想的にも社会的にも徹底的な批判を受け、傷ついてしまった。この事実から身を引き、傍観することができるであろうか。師法然の仏教運動が、日本の末法的状況における大悲の行証として歴史的意味をもつことは、真面目に道を求める者の等しく見るところであり、それを批判し論難する伝統仏教は、実は悲しくも自らの宗教性の喪失を露呈し、反動的体質をさらけ出す悲劇を演じているにほかならない。しかしこの法難を逆縁として改めて問うと、末代濁世の凡夫を本願の機として凝視し、「南無阿弥陀仏　往生之業　念仏為本」の法幢を掲げて、選択本願の念仏をもって仏道の法とした法然が、本当に開顕しようと願い続けたものは、一体何であったのであろうか。こういう思想的な課題を親鸞は真正面から受けとめ、取り組んだと考えられるのです。この自らに感得した責任を果たそうとする仕事が、『教行信証』の製作であったのです。

ですから、『教行信証』は決して単なる研究論文ではありません。自分の信仰と思想を一人静かに思索し書き記すという個人的な、ひそかな仕事でもありません。そうではなくて、今尋ねたような状況の中に投げ出された師法然の『選択集』の本当の精神を、選択本願念仏を法とする浄土宗独立の根本精神を明らかにしたい。こういう強い願いに立って書かれた本だと言うべきです。しかも法然の仏教運動に対する厳しい弾圧が続いている状況ですから、平穏な状況の中での思索、いわば研究室とか書斎での思索というよりも、思想という場での一種の戦い、いわば思想戦に参加するというような厳しさをもって、親鸞はこの書を書き進めたのではなかろうか。大体このように、想像されることです。のみならず、繰り返される法難に象徴される事態は、法然の仏教運動が一つの危機に陥ったということですが、同時にそれは、法難をあえてした伝統仏教の側でも、そこに仏教の自覚道としての生命をすでに喪失していることを、否定しようもなく暴露したという意味で、やはり危機であったのです。ですから『教行信証』は、一つの危機の教学と捉えることができるのではないでしょうか。こういう視点に立ってみると、『教行信証』の文章が、なぜああいう文体になっているかがよく分かるように思います。なるほど、ずいぶん多くの文章は、一種の宣言文の響きをもつ文体になっています。あるいは痛切な懺悔の表白です。なぜああいう激しく訴えるとか、強く宣言する、大らかに讃嘆する、痛切に告白するという文体をとったのか。おそらく『教行信証』を書く親鸞が捉えていた状況が、今尋ねてきたようなものであったからであろうと、私は了解するのです。

気概の表白

ですからこの『教行信証』は、堂々たる体系をもって浄土真宗の綱格を開顕した書ですが、この書を第一義的に真宗の教義を体系的に述べたのだという関心で読むことは、私はあまり賛同いたしません。もっと直截な、激しく訴えてくる親鸞の信仰的情熱、浄土真宗の真理性を高らかに顕揚しようとする親鸞の気概に満ちた表白、こういうものを、第一義的に読み取って行きたいと思うのです。

流罪の疲れは法然の健康を蝕み、やがて流罪を許されて都へ帰った法然は、僅か一年ばかりで八十年の人生を閉じます。親鸞がその訃報を知ったのは、同じように罪許されて都へ帰ろうと、越後で雪のとけるのを待っている時でした。何という痛ましいことか。自分の名利への思いは何一つなく、ただ濁世の群萌の救いのために、いのちを捧げ尽した方なのだ、法然上人は。いかにも痛ましい死ではないか。こういう痛切な思いが、親鸞を襲ったに違いありません。しかし、ただ師の死を痛み悲しんでいるだけで終わることはない。お前は一体何者なのだ。法然に値遇し、その教えによってたすかった者ではないか。そしてそこにいただいた信仰ゆえに、師法然と共に流罪となり、こういう形で法然の弟子であることを貫いた身ではないか。とするならば、法然を「真宗興隆の大祖」と仰ぎ、自分を共に流罪となったその門徒の一人と捉える限り、どうしても果たし遂げなければならない仕事があるではないか。おそらく親鸞は師法然の訃報に接して、このことを繰り返し繰り返し自分に問うたのではないでしょうか。考えてみるまでもなく、親鸞が真宗興隆と仰いだ法然の仏教運動は、二つの側面をもっているとみるべきでしょう。すなわち社会的側面と、思想的側面と。前者は吉水における念仏の僧伽の形成であり、後者はその精神を『選択集』として顕揚する仕事です。これをうけ継いで、誤解と非難の中に投げ出された『選択集』の真精神を、『教行信証』として開顕すること、これは親鸞が師教の恩厚を思うにつけ、どうしても果たし遂げなければならぬ大事でしょう。その構想がまとめられ始めたのはいつ頃か分かりませんが、もし流罪のさ中からだとすれば、実に三十年をこえる時間がその完成に必要であったことになります。

これが果たし遂げられるよりも早く、親鸞は吉水の念仏の僧伽を自らの実験において再建するということに取り組むこととなりました。流罪を許されたのち移り住むこととなった関東の辺境に、法然の吉水教団の衣鉢を継ぐ専修念仏の教団をうち建てていったのです。四十代、五十代という親鸞の壮年期の情熱が、この仕事に集中させていかれたのでしょう。それは、

仏慧《ぶって》功徳をほめしめて
十方《じっぽう》の有縁《うえん》にきかしめん
信心すでにえんひとは

つねに仏恩報《ぶっとん》ずべし　（『浄土和讃』）

という和讃に見事に詠い上げられたような謝念の実践の中で、数千人にものぼる念仏の同朋が関東の地に誕生していったのです。現在、関東同朋教団と呼んでいる念仏の僧伽、群萌と呼ばれ、石・瓦・礫の如く生きることを余儀なくされていたいなかの人々が、親鸞の教化を縁として、本願の名号のもとに念仏の信心において同朋とし同行として、一味に和合していく。このような本願の名号を法とする念仏者の交わりの場を、親鸞の教化は関東の辺境にうち建てたのでした。これが親鸞聖人における真宗興隆の内実です。全体が法然上人の真宗興隆をうけ継ぎ、それに応答しようとしたものであることは言うまでもありません。

七　大乗の論師

妥協のない批判と真宗興隆の願い

承元の法難のあらましは、すでに尋ねたことですが、『教行信証』における親鸞の真宗開顕の積極性をよく把握するために、「後序」に記された承元の法難の記述を、ここに全文引いてみましょう。

竊《ひそ》かに以《おもん》みれば、聖道《しょうどう》の諸教は行証《ぎょうしょう》久しく廃《すた》れ、浄土《じょうど》の真宗は証道いま盛《さかり》なり。しかるに諸寺の釈門、教《きょう》に昏《くら》くして真仮《しんけ》の門戸《もんこ》を知らず、洛都《らくと》の儒林《じゅりん》、行《ぎょう》に迷《まど》うて邪正《じゃしょう》の道路を弁《わきま》うることなし。ここをもって興福寺《こうぶくじ》の学徒、太上天皇《だいじょうてんのう》諱《いみな》尊成《たかなり》、今上《きんじょう》諱《いみな》為仁《ためひと》　聖暦《せいれき》・承元丁《しょうげんひのと》の卯《う》の歳《とし》、仲春《ちゅうしゅん》上旬《じょうじゅん》の候《こう》に奏達《そうたつ》す。主上臣下、法に背《そむ》き義に違《い》し、忿《いかり》を成し怨《うらみ》を結ぶ。これに因って、真宗興隆《こうりゅう》の大祖《たいそ》源空法師《げんくうほっし》、ならびに門徒数輩《もんとすはい》、罪科《ざいか》を考えず、猥《みだ》りがわしく死罪に坐《つみ》す。あるいは僧儀《そうぎ》を改めて姓名《しょうみょう》を賜《たも》うて、遠《おん》流《る》に処《しょ》す。予《よ》はその一なり。しかればすでに僧《そう》にあらず俗《ぞく》にあらず。このゆえに「禿《とく》」の字をもって姓《しょう》とす。空師《くうし》ならびに弟子等《ら》、諸方の辺州に坐《つみ》して五年の居諸《きょしょ》を経たりき。皇帝諱守成聖代《いみなもりなりせいだい》、建暦《けんりゃく》辛《かのと》の未《ひつじ》の歳《とし》、子《し》月《がつ》の中旬《ちゅうじゅん》第七日に、勅免《ちょくめん》を蒙りて、入洛《じゅらく》して已後《いご》、空（源空）、洛陽《らくよう》の東山の西の麓《ふもと》、鳥部野《とりべの》の北の辺《ほとり》、大谷《おおたに》に居《い》たまいき。同じき二年壬申《みずのえさる》寅月《いんがつ》の下旬《げじゅん》第五日午《うま》の時、入滅《にゅうめつ》したまう。奇瑞称計《きずいしょうげ》すべからず。『別伝《べつでん》』に見えたり。

ずいぶん厳しい調子で記されています。「南無阿弥陀仏　往生之業　念仏為本」の旗印を高く掲げた法然の仏教運動に対する、朝廷、伝統仏教が一体となって行った承元の法難を、親鸞はこのように捉えていたのでした。そしてこれが、親鸞が『教行信証』を書かなければならない状況をわれわれに正確に告げているのです。

親鸞はこの法難をあえてした伝統仏教、それは当時の国家体制と完全に一つであった仏教、というよりもむしろ、国家体制の有力な中心的な根幹の一つとしての仏教を、「聖道の諸教」あるいは「諸寺の釈門」と呼んでいます。それを代表するものは何といっても、東大寺や興福寺、あるいは教王護国寺といった顕密の諸大寺です。そういう大教団からみれば、法然の仏教運動などは取るに足らない、野にある仏教運動です。しかし次第に朝野に大きな影響力をもってきた法然のそれは、専修念仏の鋭い主張の中に、この諸大寺の、というよりもむしろ国家仏教のあり方の肺腑をえぐるような、鋭角的な批判と妥協のなさをもっていて、伝統教団の顕密体制からみれば、容易に許すことのできない、異端的性格をもつものでした。この辺りに、仏教のオーソドックスをもって自他共に任じている聖道の教団が、法然の仏教運動を徹底的に弾圧する理由があったのです。

だから、親鸞は法然の「ただ念仏」の教えに値遇して救われた自分の信念を表白するとき、ただ表白し述べるのではなくて、法然の真宗興隆の仕事を潰してしまった聖道教団に対する、妥協のない徹底した批判、むしろ悲歎を踏まえながら、自らの真宗興隆の願いを表白するのです。このことをよく注意しておきたいのです。

人類的な思想家

親鸞はその畢生の仕事として、『教行信証』という、率直な表白と、深刻な懺悔と、高らかな宣言とに満ちて、しかも全体が往還二種回向、教行信証という見事な体系をもった、独創的な本を書いた。この点から言うと、親鸞は非常にすぐれた大乗仏教の思想家というべき面影をもった人ではないでしょうか。仏教の古い言葉に、論師というのがあります。堂々たる論を展開して、仏教の真理性を開顕した思想家、このような意味の言葉です。この論師の代表は、龍樹菩薩あるいは世親菩薩といった人達です。これらの祖師が代表するような、堂々とした大乗の思想家＝論師、こういう面影を、この『教行信証』を読むと、私は強く感じるのです。日本民族が生み出した大乗の論師、この人をもつことによって、インドや中国の大思想家と並んで、日本人もまた、人類的な思想の場にその代表を送ることができたのだ、といってよいのではないでしょうか。同時にしかも、法然の弟子として生きたところには、当時の日本で仏教を代表する位置にあった比叡山、あるいは興福寺、そこにある顕密仏教という体制をとる聖道仏教に対して、妥協することのない、徹底した批判をする、そういう強烈な批判精神の所有者であった。この面影を、私は見落すことができないのです。この点を見落して、親鸞という人を、ただ「本願を信じ如来を信ずる」という、いわゆる信心、非常に純潔な仏教の信に生きた人だと言うだけでは、親鸞の面目はおさえ切れないと、私は思います。

もっと積極的に、今述べた大乗仏教を代表するような毅然たる思想家、こういう論師としての面目をよく見るべきです。譬えて言えば、インドや中国の堂々たる学僧たちの論議の中に入って、しかも引けをとらないというような面影があり、この一面を見落しますと、繊細であるけれども線の細い親鸞を捉えることになるのではないでしょうか。極言すれば、梃子でも動かんというような線の太い論理、堂々たる理論、高らかな信念を貫こうとした人、この一面が親鸞の面目としてあるのです。さらには、容易に妥協しない、途中で止めないで完膚ないまでの批判を貫くような、線の太い批判精神もまた横溢している人であると、私は了解します。

第二章　「教巻」に学ぶ

一　浄土真宗の大綱

『教行信証』の「教巻」

ここからは、『教行信証』の「教巻」を尋ねていきたいと思います。

『教行信証』の開巻第一は、「顕浄土真実教文類」、いわゆる「教巻」であり、浄土の真実の教えとして、『大無量寿経』を高らかに掲げる宣言から始まってきます。親鸞は、もとより一人の純潔な仏教者ですから、仏陀の教えに依り、それを灯として人生の大切なるものを見出し、それによって生きていく、こういう姿勢を、そして覚悟を決定的に持った人でした。親鸞はすぐれた真実の探求者でしたが、その探求のかけがえのない依り処を『大無量寿経』に見出し、決定的にそれに依った人でした。しかし真実を探求するといっても、自分の理性を頼んで、その理性や知性の力によって真実なるものを自覚し、知見していく立場に立ったのではなかったのです。畢竟、自分というものは、全体何か底知れぬ虚妄の中に生きている。この痛みゆえに、その虚偽の惨めさを超え出るべく真実を求めずにはおれなかった人です。

しかし、その道に立とうとしてみれば、真実を探り求めよと言われても、太平洋へボートを漕ぎ出すようなものです。「生死の大海きわもなし」と言い、「無明海に流転し」と親鸞が告白する通り、実は初めからお手上げと言うほかはないのでしょう。そういう私たちに、真実なるものを告知してくれるかけがえのない大切なもの、それが正に依るべき真実の教えです。われわれに先立って人生に苦しみ、悩み、その中から人生の虚妄性を突破して真実なるものへの覚知を獲得した、偉大なる覚者である釈尊。その言葉に帰し、それに依ることができた時、われわれの真実を求めて止まぬ道は、初めて確かなものとなる。これが仏教者の基本的な信念です。親鸞もまた、自分自身が法然の教えによって光の世界に甦るという決定的な体験をもったことを通して、このことに深くうなずいた人であったに違いありません。ですから、この『教行信証』を書くことを通して浄土真宗を開顕する、言い換えれば、流転するわれらに究極的な真実を一つの道として明らかにしようとする、この仕事の開巻第一が「真実教」から始まっていくのです。

如来二種の回向

親鸞は「教巻」の冒頭に、浄土真宗の大綱についてまずこのように語ります。

謹《つつし》んで浄土真宗を案ずるに、二種の回向《えこう》あり。一つには往相《おうそう》、二つには還《げん》相《そう》なり。往相《おうそう》の回向《えこう》について、真実の教行信証《きょうぎょうしんしょう》あり。

浄土真宗とはどのような仏道であるのか。そこには二種の回向がある。あるいは、浄土真宗とは、往相回向と還相回向の二種の回向によって成り立っている仏道である。そして、その往相回向は、真実の教・行・信・証という四つの事柄というか、信仰的事実として衆生の上に現前する。この命題の意味を私はほぼこのように了解いたします。親鸞は「二種の回向」と「真実の教行信証」の二つのことを述べ、この二つの事柄によって、浄土真宗という仏道が立体的に構成されていると語っているのです。

また「証巻」をみますと、親鸞は次のようにも述べています。

それ真宗の教行信証《きょうぎょうしんしょう》を案ずれば、如来《にょらい》の大悲回向《だいひえこう》の利益《りやく》なり。

これとともに注意したいのが、次のたいへん内容の濃い和讃です。

無始流転の苦をすてて
無上涅槃《ねはん》を期《ご》すること
如来《にょらい》二種の回向《えこう》の
恩徳《おんどく》まことに謝しがたし

（『正像末和讃』）

「無始流転の苦をすてて　無上涅槃を期する」というのは、本願の信をえることによって〝大悲内存在〟に目覚めることができた人が、本願のはたらきによって無上涅槃の功徳である大きな〝まこと〟に生かされる身となり、無上涅槃の証りに向かってまっすぐに生きる人生を歩むのだ、ということでしょう。言葉を換えていえば、信心の獲得によって現生に正定聚の身となって、「煩悩を具足しながら、無上涅槃にいたる」人生を生きるということです。そういう人生を実現するものが〝行・信・証〟にほかなりません。ですからこの行信証の獲得、しかも行信の獲得はひとえに真実教に出遇い養育されてでありますから、もう一つ言えば、教行信証の獲得によって人生は無上仏道という意味をもって生きられることになります。この真宗を衆生に実現する教行信証を衆生に恵むはたらきが、親鸞においては如来二種の回向と自覚され、恩徳として感謝されているのです。

大らかな念仏

ですからこの教行信証は、根は如来のところにありますが、現実のはたらきはすべて衆生のところにあるものです。もう少し具体的にいえば、親鸞が真実教と仰ぐものは法然の教えの言葉でしょう。『歎異抄』が「よきひとのおおせ」と語っている、本願の念仏を語る教えの言葉です。真実行は、「行巻」に「大行とは、すなわち無碍光如来の名を称するなり」とはっきりと示されているように、称名念仏にほかなりません。もちろんこの言葉は、曇鸞が『浄土論註』で讃嘆について注釈している中に使われているものですから、大きな讃嘆の表明であるような称名です。法然の言葉を借りていえば、「大らかな念仏」というべきものですし、あの『歎異抄講讃』を書いた藤秀璻《ふじしゆうすい》先生の言葉でいえば、「朗らかな念仏」です。そして次の真実信というのは、このような称名として表現される内面の自覚、あるいは根源的な目覚めというべきもので、親鸞の了解にしたがって言えば、世親が「我一心帰命尽十方無碍光如来」と表白した、あの本願の名号に帰した自覚です。最後の真実証、これはもちろん親鸞が「無上涅槃の極果」と示したような、究極的な無上涅槃の証りというべきものですが、「証巻」で親鸞が力をこめて語っているところを聞きますと、むしろ真実信心のはたらきによって現生に正定聚に住し、「必ず滅度に至る」「大般涅槃無上の大道」に立った人生の歩みとするところに、親鸞の独自の了解があるように思われるのです。

このように尋ねてみると、真実の教行信証はすべて衆生のところにある自覚的な事柄です。すなわち衆生が出遇い、獲得し、体験し、そして生きていくものです。この四法をもつことができたとき、衆生の生は、親鸞が「無始流転の苦をすてて」と述懐したような、長い流転の中にあって苦悩する生にうち勝って、「無上涅槃を期する」人生、十分な意味で〝仏道〟というに値する人生に転換していくこととなります。ですから、流転というのも、真実報土の往生をとげるというのも、さらには「本願一実の直道、大般涅槃無上の大道」というのも、親鸞の知見においては、実は生の意味というか質を表しており、流転する人生を転じて仏道という意味をもった生を実現する自覚的な事柄なのです。親鸞はそれを「証巻」で「真宗の教行信証」と語ったに違いありません。

二　二種の回向

往相回向

「教巻」冒頭の浄土真宗の大綱において親鸞が表明したことは、如来の二種回向のはたらきと教行信証の二つです。

二種回向のうち往相回向については、親鸞はまず「行巻」のはじめに「謹んで往相の回向を案ずるに、大行あり、大信あり」と述べ、往相回向の恩徳を衆生に実現するものとして大行と大信があることを明確に示し、これをうけて大行の内容を明らかにする思索を進めていきます。また「信巻」の冒頭では、

「謹んで往相の回向を案ずるに、大信有り」と述べ、大信心の考察を展開し、さらに「証巻」では「しかるに煩悩成就の凡夫、生死罪濁の群萌、往相回向の心行を獲れば、即の時に大乗正定聚の数に入るなり」と述べて、往相回向の恩徳によって獲られた心行によって実現するものを、「大乗正定聚の数に入る」生として、力をこめて明らかにしていきます。このように親鸞は「行巻」、「信巻」、「証巻」にわたって、如来の往相回向のはたらきを衆生の上に具体化する法である真実の行・信・証を明らかにするという形で、往相の回向の考察を展開していきます。

それに対して還相の回向については、「証巻」の前半で往相の回向についての考察を終えたあとに、

> 二つに還相《げんそう》の回向と言うは、すなわちこれ利他教化地《りたきようけじ》の益《やく》なり。

と筆をあらためてしるし、ここから還相の回向を主題的に、しかしながらなぜ

か自分の了解をほとんど述べることをしないで、『浄土論註』が浄土の菩薩荘厳について語る文章をほぼ全文引きながら、その推考を進めています。往相の回向については、「行巻」、「信巻」、「証巻」にわたって長大な論考を展開しているのに対して、還相の回向についての考察は、このようにきわめて特徴的です。

還相回向――釈尊・法然の応化力

この還相の回向を私たちはどのように理解していくべきでしょうか。「証巻」還相回向釈で、親鸞は、菩薩の出第五門の功徳を語る『浄土論』の次のような教説を引用します。

「出第五門《しゆつだいごもん》」とは、大慈悲《だいじひ》をもって一切苦悩の衆生《しゆじよう》を観察《かんざつ》して、応化《おうけ》の身を示す。生死《しようじ》の園《その》、煩悩《ぼんのう》の林の中に回入《えにゆう》して、神通《じんずう》に遊戯《ゆげ》して教化《きようけ》地に至る。本願力の回向《えこう》をもってのゆえに。これを「出第五門《しゆつだいごもん》」と名づく、と。

出第五門の功徳とは、菩薩がその大悲の心を全うするために、一切の苦悩する衆生の救いを求める祈りに応えて、その苦悩する衆生の生きる世界に身を捨てて自由自在に衆生を教化し、衆生の固く閉ざされた心を教え開いて、仏道を求める者に育てていく、その恩徳を言います。

また、この文に続き、親鸞は回向の還相を語る『浄土論註』の文を引用します。

「還相《げんそう》」とは、かの土に生じ已《おわ》りて、奢摩他《しやまた》・毘婆舎那《びばしやな》・方便力成就《ほうべんりきじようじゆ》することを得て、生死の稠林《ちゆうりん》に回入《えにゆう》して、一切衆生《しゆじよう》を教化《きようけ》して、共に仏道に向かえしむるなり。もしは往《おう》、もしは還《げん》、みな衆生《しゆじよう》を抜いて、生死海を渡《ど》せんがためなり。このゆえに「回向《えこう》を首として、大悲心を成就することを得たまえるがゆえに」(論) と言《のたま》えりと。

回向の還相として「衆生を抜いて、生死海を渡せんがため」の本願力の回向を語っています。それは「一切衆生を教化して、共に仏道に向かえしむる」はたらきです。

親鸞はこの二つの教えの言葉を幾度も幾度も繰り返し尋ね、身に引きあてて「よくよく案じみ」たに違いありません。そして、親鸞は、菩薩が「大慈悲をもって一切苦悩の衆生を観察して」と語られる、その「一切苦悩の衆生」に自分自身を聞き取ったのではないでしょうか。親鸞は同時代の他の人々を「一切苦悩の衆生」とみたのではなく、大悲のまなざしによって自分自身が「一切苦悩の衆生」とみられていると、一種の感動をもって受け取ったのです。

では、親鸞は「苦悩の衆生」として生きる以外の何ものでもないことを教えた大悲のまなざし（出第五門の菩薩、回向の還相）を具体的にはどこに感得したのでしょうか。それは、〝よき人〟法然であり、また遡っていえば〝教主釈尊〟ではないでしょうか。無明の闇の中に流転してきた親鸞を教化して念仏の身にまで育て、仏道に向かう者に育ててくださった法然、そして釈尊を、浄土から応化して自由自在に教化の恩徳を施してくださる方と仰ぐほかなかったに違いありません。

法然が「善き人にも悪しきにも、同じように、生死出ずべきみちをば、ただ一筋に」語り続けたのは、往生浄土の道としての選択本願の念仏一つでした。その教えに出遇い育てられて、親鸞は純潔な念仏者として光の世界に甦《よみがえ》り、願生の行者として生死出ずべき道に立つことができました。ですから、親鸞の深い感謝の中に仰がれた法然は、苦悩する親鸞の生きる世界に応化して、一人の凡夫として生きながら、生死出ずべき道を語ってやまない〝大悲を行ずる〟人であり、浄土の菩薩の面影を湛えた人と仰がれる人だったのです。このような具体相をもって自証される還相回向の恩徳は、往相回向とは違う、まさしく二種と区別されるべき差異をもった回向のはたらきというべきです。

親鸞の二種回向論については、拙著『親鸞の信のダイナミックス』、『顕浄土真実教文類聞記』、『教行信証の思想』等をご覧いただければ幸いです。

三　真実の教え

二重の意味を持つ「教巻」

「教巻」の冒頭に「往相の回向について、真実の教行信証あり」と言われて、真実教が往相の回向の恩徳を衆生の上に実現せしめる法の第一にあげられています。それはこの真実教こそが、衆生に行信を獲得せしめる依り処という決定的な意味を持つからでしょう。しかし先に尋ねたように、真実教にはそれに尽きない大切な意味があることが知られてきます。それは諸仏善知識あるいは師主知識の持つ深い意味です。親鸞は、穢土に応化して衆生を開化して無上仏道に向かうものにしていく還相回向の恩徳を、諸仏善知識あるいは師主知識に仰ぎ讃嘆していったのです。

このように「教巻」は、如来の往相回向が実現する衆生の仏道の出発点であることを明らかにすると同時に、如来の還相回向の願に乗じた釈尊あるいは法然の教化の深い恩徳を湛えている、という二重の意味を持つのです。ですから『教行信証』の他の巻は全て、本願が標挙として掲げられているにもかかわらず、「教巻」だけは複雑な意味が絡むために本願が掲げられていないのではないでしょうか。

宣言の言葉

さて、ここからは、親鸞が讃仰してやまない根本教主釈尊と師の法然の汲めども尽きない恩徳を「教巻」に尋ねていくことにしましょう。

それ、真実の教《きょう》を顕《あらわ》さば、すなわち『大無量寿経《だいむりょうじゅきょう》』これなり。

この文は極めて端的に言い切ったというか、むしろ宣言したという響きをもっています。この短い一文に、しかしながら非常に大きな親鸞の信念が、情熱が感じられます。そしてさらに、親鸞の釈尊観、あるいはまた、かけがえのない大切な師であった法然への憶い等、ずいぶん多くのことが託されているのを強く感じることです。先に「後序」について、しばらくその語り告げるところを尋ねたことですが、『教行信証』は決して単なる冷静な思索、もしくは親鸞の仏教研究というものではなく、法然が果たし遂げた真宗興隆という大きな仏法の事業を憶念し、その歴史的意義を思いながら、この大切な法然の仕事が度び重なる法難の中で傷つけられていくことへの悲歎、これをしっかりと踏まえて書かれた本だと言わなければならないのです。その本質において、大悲を行証しようとする法然の仏教運動が、日本仏教を代表する伝統的な大教団、すなわち比叡山とか興福寺の圧力によって傷つけられていく。こういう事態の中で親鸞の身に動く憤り、そして仏教者としての責任感、さまざまな思いや感情が激しく動く中で、真実なる浄土宗のいのちを開顕し、訴え、そして叫ぶ。その開巻第一の冒頭の言葉ですから、一読してすぐ感じるように、これは宣言の言葉である。こういう響きを私は感じるのです。

親鸞はこの『教行信証』を漢文で書いています。その原文で記せば次のようになります。

夫顕《レサ》二実教《ヲ》一者《ハ》則大無量寿経是也。

ここで告げようとしているのは、真実の言葉を聞こうとする人は、来たって教主世尊の本願の教えを聞け、ということです。この宣言に接して、次のような含蓄があるに違いないと私にはまず強く感じられます。それはよき人法然の教説です。『大無量寿経』は、本願を説く教えであり、その本願のいのちとも言うべきものは、第十八・念仏往生の願です。この念仏往生とは取りも直さず、教主世尊の教説に帰した、よき人法然の教説ではないでしょうか。このように尋ねてみますと、真実の教えを求める人は、本願を説く『大経』の教えを聞けとは、同時にそこに、真宗興隆の大祖源空法師の念仏往生の教えを聞け、こういう訴えが託されているに違いないと感じるのです。

『教行信証』はこのような形で、教主世尊の教えに帰しつつですが、まず法然の教えを掲げて、ここにわれら凡夫として生きるほかはない者の、本当に救われていく道が明らかに語られているのだ。来たってこの教えを聞け。私はその教えをこのように聞いたと、親鸞が聞き、そして獲得することのできた全てを、大きな讃嘆と深い謝念の中に表白し、書き記して、自分に光ある道を語り告げてくれた師法然の教恩に応えていきたいのだ。こういう含蓄です。わが信念として仏道を顕らかにしようとするこの書を、師法然に捧げるというニュアンスをここから感じるのです。ですから、真面目に自己の人生の真実を求めようとの志を起こした人は、法然の「ただ念仏して、弥陀にたすけられまいらすべし」との、選択本願念仏の教えに大道を聞け。こう力をこめて訴えているのではないでしょうか。

四　釈尊と法然

本師源空への讃嘆

親鸞が釈尊の恩徳を讃嘆した和讃に、次のようなものがあります。

娑婆《しやば》永劫《ようごう》の苦をすてて
浄土《じようど》無為《むい》を期《ご》すること
本師《ほんじ》釈迦《しやか》のちからなり
長時《じようじ》に慈恩《じおん》を報ずべし
（『高僧和讃』）

よく知られている和讃ですが、その意味はほぼ次のようなことです。「この苦悩に満ちた娑婆世界で、私は永い間苦しんできた。その苦悩の身をすてて、浄土に生まれ、涅槃のさとりを開き、涅槃の楽しみをうけることに定まった身となることができたのであるが、これはひとえに本師釈迦の力に依ることである。その慈悲の恩徳は、報じても報じても報じ尽すことはできないのだ」。こういう釈尊の慈恩への大きな謝念を託した和讃ですが、これを法然の恩徳を讃嘆する和讃と比べてみましょう。

曠劫多生《こうごうたしょう》のあいだにも
出離《しゅつり》の強縁《ごうえん》しらざりき
本師《ほんじ》源空いまさずは
このたびむなしくすぎなまし
（『高僧和讃』）

曠劫多生のあいだというのですから、無限の時間の中を、生死を繰り返しながら、自分は流転し苦悩してきた。その間に、どうかしてこの生死の流転を超えていきたいという願いは起こしたけれども、超えていく道を見出すことのできないままに、今日まで娑婆永劫の苦の中に生きてくるほかはなかった。もし今、法然に遇うことができなかったならば、この度の人生もまた、空しく終わったであろう。幸いにもこの度、私は本師源空に遇うことができた。法然の仰せに帰することができた恩徳によって、長い間空しく流転してきた人生に、私は勝った。そして光の中に生きる大切で豊かな人生を獲得することができた。ほぼこういう感動と謝念とを、この和讃は表白しています。

そうすると、釈尊に対して親鸞が感じた恩徳と、法然に対して抱いた恩徳とは、内容は全く一つであることに気づきます。最初の和讃は、善導の教えを讃嘆する中の一首ですから、善導の教えを踏まえて製作されています。後のは、法然に目の当たりに遇った親鸞の実感そのものです。そういう事情からくる表現の違いがあるだけで、表そうとする内容は全く一つだという感銘を受けることです。要するに本師釈迦の恩徳と本師源空の恩徳とは、親鸞にとっては区別できないほどに一つであったことがうかがえるのです。実際には、親鸞が「雑行を棄てて本願に帰す」と、初めて流転の生を翻して光の中に甦ったのは、法然の教説に値遇してですから、法然との出遇いが先であったと言ってよいでしょう。そのことによってさらに、根本教主釈尊の教えに、本当に遇い帰することができた。そのことを強調的に言えば、姿をもって語りかけてくれる法然の、念仏の信念を語ってやまないその姿に、姿はないけれども、生き生きと法を説き続ける釈尊の説法のお姿をまざまざと感じる。親鸞にはそういう思いが、確かに動いていたに違いないと思います。そもそも本師という言葉は、根本の師匠、すなわち釈尊に捧げる言葉でしょう。宗派は違っても、およそ仏教者である限り、釈尊が出離生死の道を説く根本の教主であることは、共通の信念です。その本師という大きな尊敬を表す言葉を、親鸞は法然に捧げて、本師源空と言っています。非常によく分かる、親鸞の気持ちではありませんか。

釈尊こそが、仏教の根本教主です。しかし現実には、釈尊といっても何の人格的な感化力もなくなり、遠い過去に消え去った人です。そういう状況を、釈迦仏の末法と言うのです。その末法的現実の只中で、親鸞はよき人法然に遇ったのです。その法然の教えに遇うことにより初めて、それに発遣されて、親鸞は、生きてわが身を救う阿弥陀如来の本願に呼び覚まされ、帰することができたのです。同時に、その親鸞を阿弥陀に発遣する法然の仰せのところに、生きているかの如く、教主世尊の教えのいのちの響きを感得したに違いないのです。

法然を通して感得される釈尊のいのち

「後序」を尋ねた時に、親鸞が法然を讃嘆して「真宗興隆の大祖源空法師」と呼んでいることを述べました。真宗興隆の偉大なる祖師法然上人。真実を宗《むね》（いのち）とする仏法を興隆してくれた人、あるいは真実の仏法のいのちを興隆してくれた大切な祖師。これが大きな讃嘆の思いの中で、親鸞が法然が果たした仕事の歴史的意義を捉えた言葉ですが、実はこれはそのまま、釈尊の果たし遂げられたお仕事の意義でもありませんか。少なくともそこには、真宗興隆の大祖源空法師の出世の意義は、教主世尊のそれと同じであり、さらに変わるところはない。そういう讃嘆の思いが託されていることが思われるのです。

釈迦仏の末法、こう言っても現在のわれわれには、必ずしも実感としてはその厳粛さが感じられないかも知れませんが、法然や親鸞が生きた時代である平安時代末期の、末世の色濃い世相を生きていた仏教者にとっては、切実極まる問題でありました。親鸞に『正像末和讃』と題された和讃がありますが、その第一首はこのように詠われています。

釈迦如来《しやかによらい》かくれましまして
　二千余年になりたまう
正像《しようぞう》の二時《にじ》はおわりにき
如来《によらい》の遺弟悲泣《ゆいていひきゆう》せよ

このような、悲泣するほかはない釈迦仏の末法に生まれた、仏弟子たろうとする者の痛切な思い、これを今生ける法然に遇うたことによって、親鸞は完全に超えたのではないでしょうか。悲泣すべき末法の現実はある。それをよく凝視しよう。しかし、末法の悲しみの中に、今われらのために世に出てくれた法然に目の当たり遇うことによって、その教えに発遣せられて、「在世正法、像末法滅、濁悪の群萌、斉しく悲引したまう」如来の本願に、まさしく帰することができた。その法然の現在前こそ、釈迦仏の末法の世にあって、釈迦仏の教主としてのいのちを生き生きと継承し、現前せしめているのではないか。このように、親鸞はよき人法然の上に、生ける釈尊のいのちを感得したのだと言って、誤りではないと私は思います。

五 本師

日課七万遍の念仏

親鸞と法然とは、年齢がちょうど四十違います。ですから二十九歳の親鸞が法然に遇った時、師法然は六十九歳でした。既に老境に入っていましたが、当時の人々が「法然が念仏か、念仏が法然か」と感嘆していたように、日課七万遍の念仏を生き抜いておりました。一口に日課七万遍と言いますが、恐るべき持続と集中ではありませんか。念仏などしても仕様がないではないかと、現代のわれわれは考え易いのです。それも仕方がないでしょうが、日課として七万遍の念仏を一度やってご覧なさいと言われたら、どうしますか。これだけの凄まじい念仏の持続と集中をする法然の内面に燃えていたもの、それに思い至れば、何をわれわれは言うことができるのでしょうか。法然は毎日この念仏を生き抜き、さらに苦悩の身を運んで道を求めてくる人に会っては、懇切に「ただ念仏」の教えを語り、また求められればあちこちを訪れては、念仏の縁を結んでいたのでした。「自行化他、ただ念仏をこととす」と、法然自身が記していますが、文字通り念仏をもって人生を貫いていきます。この一事を、命の終わるまで止めなかったのです。あたかも釈尊一代のお姿を目の当たり拝するようではありませんか。その法然をみて、親鸞は生ける釈尊の面影をそこに感じたと言うて、言い過ぎでしょうか。一体親鸞は法然をよき人と仰ぎます。この言葉の湛えている語感は、あたかも教主世尊という言葉の響きと全く同一ではないでしょうか。

親鸞、法然、出遇いの光景

このようなことを思って、私は親鸞、法然、お二人の出遇いの光景を想像せずにはおれないのです。親鸞、法然、この二人はどちらも隠遁した人ですから、着ているものは黒衣です。壮年期に入っていく頃の人が、同じく黒衣を着た老念仏者に遇うて、二人が吉水の地に営まれていた質素な草庵で、静かに対話している。言ってみれば、それだけの光景でしょう。その時、この二人は何を語り、また語り合ったのでしょうか。想像をたくましくしてみると、こんな対話が聞こえる思いがします。

「伺えば、上人は叡山黒谷においでになったそうですが、私は比叡山では横川におりました。ご存知の横川の常行三昧堂で堂僧を勤めた者でございます。」

「私は早く比叡山で出家した者ですが、叡山の学僧という身のあり方に疑問を感じて、ほどなく遁世し、黒谷の叡空上人のもとで念仏聖となりました。」

「そのことは、かねて伺っています。上人は比叡山で何をお学びになりましたか……。」

想像してみれば、このような対話が交される場面もあったかも知れません。ともかく、二人の間には、真剣な問答往復の幾日かがあったに違いないでしょう。少なくとも親鸞は、百日の間、一日も欠かさずに法然を尋ねたと伝えられるのですから。この対話を通して、親鸞は懇切に答えかつ語ってくれる法然に、今更のように強く強く感じたことがあったに違いありません。親鸞は比叡山で身に重苦しく迫る、けれども容易に解けぬ疑問に突き当たって、一人苦しんだ。他人に問い尋ねるけれども、その問いを真剣に受けとめ答えてくれる人に遇えなかった。親鸞は比叡山の学修において、久遠の凡夫以外の何ものでもない自己に逢着し、この凡夫の身に出離生死の道が如何なるものとしてあるのかとの問いに行き詰って悶え、疲れていき、深い孤独に陥って苦悩していたと考えられます。

ところが、法然もまたそうだったのです。

かなしきかなかな〳〵、いかゞせん〳〵。こゝにわがごときは、すでに戒・定・慧の三学のうつは物にあらず　(『和語燈録』)

愚かな凡夫の身に突き当たって、このように泣いたのが法然です。だから親鸞の悶えを聞いた法然は、この青年の苦悶がよく分かったことでしょう。「あなたもそうでしたか」。私もそうだった。誰に尋ねても、凡夫の身の悲しみをしっかりと受けとめて、その身のたすかる道はどこにあるかということを真剣に答えてくれる人は一人もいなかった。私もまた、孤独の中に比叡山で一人苦しみ彷徨した身である。おそらくは法然は、このように語ってくれたに違いないのです。そんな問答往復の中で、親鸞がはっきりと感じたことがあったはずです。この方は、自分が疑問として感じていること、自分が人生の苦悩として苦しんだことを、自分に先立って遥かに深く苦しみ、悲しみ、そして悶え、しかしながらそれを突破して確かな道を既に見出し、そこに立っている方だという感銘を。自分が逢着したと同じ問題に、法然は既に自分に先立って直面し、取り組み、そして根底から解いている。だからこそ、あなたもまたその道を歩かれたかと、親鸞の問いをしっかりと受けとめたでしょうし、親鸞もまた自分が逢着して解きあぐねたあの問いを、上人よ、あなたはこのようにお解きになったのですかと、深い共感の中に端的にうなずくことができたのではなかったでしょうか。二人とも仏教の学徒ですから、時に人間としての裸の率直にして正直な対話を、時にはまた、仏教の専門用語を駆使しての教学的対話をかわしたことでしょう。こういう師弟の交わりをもつことが、人の生きる道にとってどれ程大切であることでしょうか。だからこそ、この「師」ということを、親鸞は大切な思いをこめて繰り返し語っていることです。

身体に響く声を聞く

仏教を学ぶと言いますが、仏教は、教行証の三法をもって表されます。何よりもまず、教を立て、教から仏教が始まります。それは、われらの求むべきものを、われわれに先立って既に求めた人の生きられた跡、求めそして求め得たものを語り告げてくれた言葉、それしかわれわれにとって間違いのない道標はないのだという、求道の先輩への大きな尊敬と信頼とを踏まえているということではありませんか。だから教えといっても、それは教理を指すのではなく、また教理を思索することでもありません。教理を思索し理解するというのではなくて、身体に響く声を聞こうとするのです。肉の声というよりも、魂に語りかける声、それが教の教たるところです。親鸞は確かに、教は必ず聞かれるべきものとして捉えています。真実教を聞思せよと。

　私は、清沢満之先生の高足のお弟子であられた曾我量深先生の晩年に、教えを受けた者の一人です。私がお会いしたのは先生が七十七歳、私は二十四歳でした。九十六歳で亡くなられましたから、二十年間お育てをいただいたことになります。その二十年間のことは今でもよく覚えています。こんな方がおられるかという感銘と共に、限りない恩徳を先生に感じることです。この曾我先生にお遇いすることができたという縁をもつことによって、宗祖である親鸞聖人が非常に身近に感ぜられてきたことでありました。そういう自分の体験を踏まえて尋ねてみまして、一人の有縁の師法然に値遇することを大切な縁として、親鸞は今更の如く教主世尊に値遇なさったに違いありません。釈尊という方は、過去の時代に生きた遠い人、よそよそしい人では決してない。釈尊とわれわれとの間には、余程深い因縁が結ばれている。われらのためにこの五濁の世に出てくださった仏様ではないか。釈尊は偉大なる宗教者であるけれども、いわゆる宗教的天才とは違うのだ。われらのためにこの濁世に出興してくださった仏様である。これが目の当たり釈尊に遇うた人々の偽らざる感銘でしょう。ところが、親鸞が法然に感じたものも全く同一の感銘でした。この方はただ人ではない、と。親鸞が法然を讃嘆する和讃を聞いてみましょう。

本師《ほんじ》源空世《よ》にいでて
弘願《ぐがん》の一乗ひろめつつ
日本一州《にっぽんいっしゅう》ことごとく
浄土《じょうど》の機縁《きえん》あらわれぬ

智慧光《ちえこう》のちからより
本師《ほんじ》源空あらわれて
浄土真宗をひらきつつ
選択《せんじゃく》本願のべたまう

（『高僧和讃』）

釈尊が、いわば人類の苦悩に応えて、世に出てくださった仏様であると仰ぐことができるように、法然もまた日本の末法的状況の中に喘ぐ人間の苦悩に応えて、世に出興してくださった方ではないのか。このように法然を仰ぐ眼が、確かにここにあります。仏教の基本的理解で言えば、釈尊が一人の応化仏であるように、法然も一人の応化仏です。応化の仏である点で、釈尊、法然は平等なのだと了解することができるでしょう。応化の仏とは、苦悩する人間の祈りに応えて、出離の道を説く仏様ということですが、そのような応化の仏は、釈尊、法然以外に、無数にあり得ることですし、その数限りない応化の如来の代表という位置に、釈尊はおいでになりましょう。根本教主と仰がれる所以です。ですから応化の仏とは、われらのために教えを説いてくださるよき人＝師の根源的意味を讃嘆している言葉だと了解することができますし、その数多くの応化の仏が法を説く光景は、『大無量寿経』が意味深く次のように語る通りです。

十方恒沙の諸仏如来、みな共に無量寿仏の威神功徳の不可思議なることを讃歎したまう。

この教説が語るもの、それは目の当たりに遇った法然が、愚かな凡夫の身にいただく出離の一道として、ただ念仏の教えを語り続けている感動的な事実の根源的意味ではなかったでしょうか。この教説に出遇った時、親鸞には念仏を生き、語り続ける法然のもつ意義がよく分かったに違いありません。それと共に、釈尊こそわれらの根本教主であり、よき人法然は、その根本教主釈尊の歴史的現在だということも、深々とうなずかれたに違いないのです。こうして、釈尊を根本教主と仰ぎつつ、そのわれらの出離の祈りに応えて教えを説くという、教主の宗教的生命を継承して、それぞれの時代に出興した祖師たち（その根源的意味は、諸仏如来）についての親鸞独自の了解が確立してきたのです。「正信偈」にその了解が詠われていますので見ておきましょう。

(釈迦)如来、世に興出したまうゆえは、
ただ弥陀《みだ》本願海を説かんとなり。
五濁《ごじょく》悪時の群生海《ぐんじょうかい》、
(釈迦)如来如実《にょじつ》の言《みこと》を信ずべし。

印度《いんど》・西天《さいてん》の論家《ろんげ》、(龍樹・世親)
中夏《ちゅうか》・日域《じちいき》の高僧《こうそう》、(曇鸞・道綽・善導・源信・源空)
大聖《だいしょう》(釈迦)興世の正意《しょうい》を顕《あらわ》し、
(阿弥陀)如来の本誓《ほんぜい》、機《き》に応ずることを明かす。　(「行巻」)

ここまで、「それ、真実の教を顕さば、すなわち『大無量寿経』これなり」という、「教巻」の根本命題について尋ねてきました。それによって、親鸞が教えと言う時、どういう自覚がそこに託されているのかについて、教主、よき人、本師という感銘深い言葉を思いあわせながら、ほぼ一つの了解をもつことができたように思います。私はそれを尋ねる中で、その根源的な意味が、われらのために世に出興してくださったと感謝するような、本当の意味で人生の師と仰ぐ人に遇うか遇わないか、そのあたりに人生の一大事があるということをつくづくと思います。その一事が、自分がこの世を生きていく上で決定的に大切だということを、親鸞が今現にこの身に教えが聞かれているという自覚に立ちつつ、法然を讃嘆し、祖師たちを讃嘆し、そして釈尊を讃嘆するのを聞いて、改めて思うことです。

六　出世本懐の満足

真実教――『大無量寿経』

この「それ、真実の教を顕さば、すなわち『大無量寿経』これなり」という、「教巻」の根本命題は、釈尊一代の教説の中から真実の教えを選び取り、顕らかにするならば、それは取りも直さず如来の本願を説く『大無量寿経』であるという親鸞の確信を告げる宣言とも言える文章です。そしてこの真実教と仰ぐ『大無量寿経』に依って、親鸞は仏道を浄土真宗として獲得するのですから、この一文は親鸞における立教開宗の宣言だと了解することが、もちろんできるわけです。そうすると当時の仏教界、あるいは思想界にあっては、例えば日本仏教の母山と言われる比叡山が根本所依とする『法華経』をもって、釈尊の出世本懐を表す真実教とするというのは、ほぼ定着した共通の了解だと言ってよいのですが、そういう状況の中で、親鸞は非常に大胆な主張をしたことになりましょう。『法華経』に対して、むしろ『法華経』を真実教とする立場を拒否して、あえて『大無量寿経』をもって、真実教と高らかに強調しているのですから。のみならず『教行信証』はその教証として、六十二部に及ぶ経・論・釈を引きます。けれども、『法華経』だけは全く引文しない。いわば拒否の姿勢が貫かれていることは、否定できないのです。なぜでしょうか。それを尋ねると、私はどうしても親鸞が値遇することのできた法然との間に結ばれた深い因縁、このことに思い到らざるを得ないのです。思いつくままに、その因縁の内容を尋ねてみましょう。

法華の学場、比叡山を下りる

比叡山は日本仏教の根本学場です。八宗兼学の学場、つまり現代の言葉で言うと、総合大学です。だからそこには密教いわゆる台密もあり、また浄土教いわゆる叡山浄土教の学派も当然包まれておりました。そういう幅広い総合的な学の場ですが、根本の立脚地は天台法華宗の名が示す通り、『法華経』の教説をもって真実教、すなわち仏陀の根本教説とする立場であり、一乗止観院という延暦寺の古名が示す通り、『法華経』の学場であることは言うまでもありません。その比叡山に、法然も学び、親鸞も学んでいます。だが、三十年余の学びと精神的遍歴の果てに、法然は善導の教説に値遇して浄土の教えに帰入し、天台法華宗を棄てて下山しました。親鸞もまた、二十年に及ぶ学びの中で聖道の学修に疲れ破れて、山を下りた人でした。二人にとって比叡山は母校ですが、そこでの行修に破れたところでもあります。行修に破れた身として、比叡山の学道の現実を、二人は痛いほどよく知っていたに違いありません。この痛みに立って、親鸞は比叡山の問題的現実を、「聖道の諸教は行証久しく廃れ」と言い、「外儀は仏教のすがたにて内心外道を帰敬せり」と鋭く指摘したのではありませんか。親鸞には一つの教説、一つの思想を、その社会的現実において捉えようとする関心が強く動いていますから、この惨憺たる問題的現実と、『法華経』の教説のもつ問題性とが、切り離すことのできないものとして凝視されていたのではないでしょうか。

真宗立教の宣言

比叡山はその名において、法然の仏教運動を弾圧した教団です。その弾圧によって法然興隆の選択本願念仏を法とする仏教運動が、非難され傷つけられていきました。末法濁世の凡夫に救いの道を告げ知らせる、法然の大悲を行証する仏教運動が、論難され、傷つけられていったのです。法然の教説に値遇したからこそ、その門徒の一人としてその真宗興隆の仏事に参加するのだという使命を感得した親鸞にとって、これは黙過することのできる事態であったでしょうか。この責任感に促されて、親鸞はあえて法然の念仏往生の教説を、念仏往生を如来の本願として説く教主世尊の根本教説『大無量寿経』に返して、真実教は則ち『大経』であると、高らかに宣言したのではないでしょうか。

普通、立教の宣言があれば、そこに教相判釈があるのが当然です。教相判釈、すなわち真実教として選びとった教説に立って、全仏教を総括的に明確にし、そこに立ってそれ以外の教説の立場を批判的に位置づけるという、仏教の包括的な思想的検討が不可欠なのです。現に法然も『選択集』の「教相章」で、中国の道綽が明確にした、一代仏教を聖道門・浄土門の二つに大別する、いわゆる聖浄二門判と呼ばれる教相判釈に依りながら、仏道を浄土宗として興隆する自分の立場を、宗名の伝統や所依の経典、師資相承の系譜などをあげて綿密に行っているのです。ところが親鸞の「教巻」では、そんな教相判釈の仕事は全くなされずに、端的に立教の宣言がなされています。この異例とも言うべき形を見て、私はどうしても今述べたような緊迫した事態と、親鸞の中に激しく動くものとを感じないわけにいきません。「教巻」の根本命題を表す立教のこの文章を、あえて宣言文と読むべきだとする所以です。

のみならず、真実教を『大経』だとする親鸞は、その理由としてただ一つ、出世本懐の満足ということをあげるだけです。一体この出世本懐ということは、『法華経』が真実教とされるのは、それが釈尊の出世本懐をかけた教説であるからであるというように、長い伝統をもった真実教の理由としてあげられる事柄でしょう。それを親鸞は、『大無量寿経』の最初にある世尊の光顔巍々たる明るいお姿、いわゆる五徳瑞現の相に、釈尊が如来としての出世本懐をかけて群萌の救われる道を説くべき時がきたという、その如来の満足を表すお姿として了解し、そこに立って、群萌の救いの道として本願を説くこの『大無量寿経』こそが、真実教として仰がれるべきだという理由としたのです。私はこれに接して、法然の念仏往生の教説に値遇して初めて、親鸞は自らの出世本懐の満足を見出したに違いないという、むしろ親鸞自身の出世本懐の満足が託されていることを思います。群萌の本当に救われる道として、阿弥陀如来の本願を説くところに、教主世尊の如来としての出世本懐の満足があり、その本願の教説を聞くところに、われら衆生の出世本懐の満足があるのだ。と言うよりもむしろ、私は何のために、また何をするためにこの世に生まれてきたのかという、人間の生きていることの一大事が、如来の本願を聞き、それに帰して生きるところに、根源から解かれ、満足していくのだという感動が根本で、その感動が本願を説く教主世尊のお姿に、光顔巍々たる如来の出世本懐の満足を感得していったのだと了解したいのです。そういう覚知が、真実教という教説の把握に託されているのではないでしょうか。

念仏往生の一道

さらに今一つ、如来の本願を説く教説を真実の教と仰ぐその意味の深さに、十分の注意をしたいのです。そもそも如来の本願のいのちを念仏往生に見るのは、法然の基本的本願理解ですが、この立場が親鸞にも継承されていることは、改めて言うまでもないでしょう。その念仏往生とは、本願に帰して念仏する身となり、その身に本願が開示する限りない光の世界である浄土を感得しつつ、この苦悩多い人生を生き抜いていくということです。この念仏往生を内容とする本願を説く教えを、親鸞が真実の教と自覚したその積極性を、われわれも大切に自証しなければならないと思います。

このことは、われら末法濁世の凡夫のたすかる唯一つの道として、念仏往生の一道を明らかにした法然の仏教的事業を、親鸞が真宗興隆と仰ぎ自覚したことと、完全に対応しておりましょう。真宗、すなわち真実を宗（いのち）とする仏法を、法然は興隆してくださったのだとしたあの了解と。そこには、本願の念仏こそわれらに開かれた真実の道だ、という確信があります。もっと言えばむしろ、本願の念仏は、虚妄の只中にあるわれらに、真実なるものを告知し開示する言葉であり、行為だと言わなければならないのだという、親鸞の確かな信念があります。『歎異抄』が伝える、親鸞のあの意味深い述懐、

　煩悩《ぼんのう》具足《ぐそく》の凡夫《ぼんぶ》、火宅無常《かたくむじょう》の世界は、よろずのこと、みなもって、そらごとたわごと、まことあることなきに、ただ念仏のみぞまことにておわします

を想起すればよく分かるでしょう。今「教巻」は、真実教の真実教たる意味を、「速疾円融《そくしつえんゆう》の金言」という言葉で語っています。速疾というのは、速やかに、直ちに、という意味でしょう。円融とは、真実・清浄を特質とする無上涅槃のはたらきを表す言葉であり、そのはたらきが、穢悪汚染《えあくわぜん》の凡夫の上にはたらいて、それを清浄化し転じていくという意味の言葉であると、私は了解する

のです。そうすると、速疾円融の金言とは、その教説に値遇し帰した時ただちに、あるいはその端的に、清浄にして真実なる無上涅槃のはたらきを衆生に現前せしめるような、そしてその畢竟浄たる無上涅槃の世界に衆生を呼び帰すような、大切な言葉ということではないでしょうか。無上涅槃のはたらきに帰入し、それを自証すること、そこに仏道の願いがあるのです。親鸞が真実教と言う時、それは流転の中に苦悩する凡夫たるわれらの悲しみと、その流転する生死の全体がその中にある底知れぬ虚妄性への痛みとをしっかりと凝視した、仏説のもつ決定的に大切な真実の告知という特質への大きな讃嘆を表しているのではないでしょうか。そして、このことの根底にある、本願に帰し念仏する身となるという事実、いわゆる選択本願の行信のもつ真実性の自証について、親鸞は「行巻」で積極的に開顕していくのです。

七　値遇感

出遇いの感動

『教行信証』を尋ねるに当たって、親鸞が真実教という言葉で語っていることを少し丁寧にみてきました。それは親鸞開顕の仏道いわゆる浄土真宗を尋ねていく時に、一つの意味深い感情が真宗を貫いて流れているということが、強く思われて止まないからです。それは一言でいえば値遇感です。いわゆる出遇いの感動です。本当に遇うべきものに遇うことができたという喜びです。値というのは、あうべくしてあった、ということであり、遇とはたまたま出遇った、ということです。たまたま遇ってみれば、あうべくしてあったのだ。こういう出遇いの大きな感動、すなわち値遇感が、真宗を一貫して流れているのです。もちろん、この値遇を言う時、何に出遇ったのかと問えば、第一には『歎異抄』が「よきひとのおおせ」という言葉で語っているところの、真実の教えに

遇うことができたという感動的事実です。『教行信証』「総序」にはこの事実が、

ここに愚禿釈《ぐとくしやく》の親鸞《しんらん》、慶《よろこ》ばしいかな、西蕃《せいばん》・月支《がつし》の聖典《しようでん》、東夏《とうか》・日域《じちいき》の師釈、遇《あ》いがたくして今遇《あ》うことを得たり。聞きがたくしてすでに聞くことを得たり。真宗の教行証《きようぎようしよう》を敬信《きようしん》して、特《こと》に如来の恩徳の深きことを知りぬ。

と、高い調子で語られています。読んですぐ知られるように、親鸞はわざわざ自分の実名をあげて、三国の祖師たちの教説に値遇することができた喜びを、読むものに一種の感動を呼び起こすような響きをもって表白しています。

さらに「後序」をみると、

慶《よろこ》ばしいかな、心《しん》を弘誓《ぐぜい》の仏地《ぶつじ》に樹《た》て、念を難思《なんじ》の法海に流す。深く如来

の矜哀《こうあい》を知りて、良《まこと》に師教の恩厚《おんこう》を仰《あお》ぐ。慶喜《きょうき》いよいよ至り、至孝いよいよ重し。

ここにも「師教の恩厚を仰ぐ」という言葉で、やはり「よきひと」の教えに遇うことのできたその恩徳の大きさを謝念を表白して述懐されています。

つまり『教行信証』の最初と最後に表白され、しっかりと記されているのが、今尋ねているような真実教との値遇の感動であり、真実の教えに遇うことができたことが、どれほど自分にとって嬉しく、大切な出来事であることかという謝念なのです。

八　『大無量寿経』の大意

ひたむきに聞くこと

仏教も一つの宗教だという、一応定着した理解があります。宗教と言えば、大切なのは信仰だ。普通このように考えて当然とします。人間を超えた何かを信ずるという、これが宗教の立場であるとされています。しかし親鸞は、その信仰を語る時は、信仰と共に、むしろそれ以上に「聞」、すなわち真実の教えを聞くということを強調するのです。如来に帰せよ、本願を信ぜよと語り勧めると共に、真実の教えをひたむきに聞けと力をこめて勧めています。頭から信ぜよというのではなくて、われわれが耳を傾け、心を虚しくして、しかも人生がわれらに呼び起こすさまざまな思いの全てをこめて、本当に求め本当に聞くべきものは、真実の教えなのだぞ、真実をわれらに告げる真理の一言だぞという趣きをこめて。

誠なるかなや、摂取不捨の真言、超世希有の正法、聞思して遅慮することなかれ。

（「総序」）

たとい大千世界に
みてらん火をもすぎゆきて
仏《ぶつ》の御名《みな》をきくひとは
ながく不退にかなうなり

（『浄土和讃』）

このことに思い到る時、親鸞の仏教は大変に健康な宗教のあり方だと思わずにはおれません。訳も分からないのに、頭から信ぜよと言われてみても、反撥を感じるのが自然です。要するに仏教は、教・行・証が基本です。何よりもまず、われらに先立って虚妄の人生を生きる身を痛み、真実を求め、真実に目覚めた先輩の言葉を聞け。それによって私たちもまた、虚偽と空虚さに満ちた人生の中に、真実なるものを見出し、それに依って生きる道をいただくことができるのだ。このように何よりもまず、教から始まっています。その無理のなさ、その健康さ。さらにもう一つ言えば、世の中で信仰が大事だと言う時、ほとんどのそれは教えなくして、闇雲に信心信心と言っているのが実情でしょう。教えのない、教えを聞くことのない信心、それは人間の欲望や怖れの投影に過ぎないでしょう。信仰という名の迷妄。こういう現実も思いあわせて、真実の教えをひたむきに聞くことから始まる真宗の健康さ、このことを私は頻りに思うのです。

『大経』――二つの視点

先に尋ねたように、法然の教えに遇ってたすかったという、親鸞がまさしく仏者親鸞となった根本の出来事があります。その体験に立って、その体験の意味を根源まで尋ね入る探求を通して、われらが求むべく依るべく、そして帰すべき教えは、如来の本願を説く『大無量寿経』であると、親鸞はしっかりと見据えたことです。その端的な表明が、「教巻」の根本命題である「それ、真実の教を顕さば、すなわち『大無量寿経』これなり」の宣言でありました。

ところで、およそ真実の反対は虚妄ですから、親鸞の述懐の言葉でいえば、「そらごとたわごと、まことあることな」しと、このような深い痛みを感じて生きる者にとって、真実ここにありと語り告げてくれる言葉、そのように基本的に仰ぐべき『大無量寿経』とは、一体如何なる教説であるのかが問題です。

このことを親鸞は二つの視点から、簡潔にして凝集的に解明していきます。


この経の大意は、弥陀《みだ》、誓《ちか》いを超発《ちょうほつ》して、広く法蔵を開きて、凡小《ぼんしょう》を哀《あわ》れみて、選びて功徳の宝を施《せ》することをいたす。釈迦《しゃか》、世に出興《しゅつこう》して、道教を光闡《こうせん》して、群萌《ぐんもう》を拯《すく》い、恵《めぐ》むに真実の利をもってせんと欲《おぼ》してなり。


これが『大経』の大意についての了解です。

ここをもって、如来の本願を説きて、経の宗致《しゅうち》とす。すなわち、仏の名号《みょうごう》をもって、経の体《たい》とするなり。

これが宗体の解釈、要するに『大経』の要点についての親鸞の把握です。このように、大意と宗体、二つの視点から、親鸞は『大経』の教説の独自性を捉えていることです。

『大経』の大意

『大経』とは如何なる教説か、その大意を尋ねるならば、二つのことが内容となっている。一つは、阿弥陀如来の発願とその成就が説かれている。阿弥陀如来が本願をおこした。なぜに、何のために。それはひとえに「凡小」への哀れみのゆえにである。凡小として生きる者を哀れむからこそ、如来は本願をおこしたのだ。凡小、これこそ暗さの中に生きるわれらを捉えた言葉であり、まさしく本願の機を表す言葉でしょう。如来の大悲は、この凡小をこそ救おうとするのだ。そのために如来はその法蔵を開いて、――法というのは真理のことですから、如来の真理の蔵、すなわち如来の自内証の世界、如来の証りの世界を、法蔵という言葉で表したのです――如来のあの広大なる真実の世界を、暗さの中に生きる凡小に開いていこうとするのだ。その道として如来は、名号すなわち南無阿弥陀仏という、如来の名のりを表す言葉を選び取り、これを衆生に与えようとする。これが阿弥陀如来の発願であり、またその発願が、われら衆生に対してもつ大切な意味である。このように、親鸞は深く『大経』の大意をうなずいています。

第二は、釈迦仏がこの世に出興してくださったことを、『大経』は語る。何のために、釈迦はこの世に出興してくださったのか。ひとえに「群萌」を救うためにである。この群萌が、やはり本願の機を表す、非常に大切な言葉です。雑草のように生きるもの、石・瓦・礫のように生きるもの。親鸞の経験で尋ねてみますと、承元の法難によって越後に流され、さらに関東に移住してつくづくと見た、親鸞が生活を共にした「いなかの人々」の生き様でしょう。親鸞はそれを「われら」と、極めて主体的に捉えています。そういう自覚的立場に親鸞が立ったということと、今語られている「群萌を拯い」という『大経』の教説とは、非常に大切な呼応関係があると思われてなりません。釈尊が阿弥陀如来の本願を説くのは、ひとえにこの群萌の救いのためである。その群萌の歴史的現実を、親鸞はその生活体験を通して共に生きた「いなかの人々」に見出したのではないでしょうか。同時にまた、『大経』のこの教説に深く信順したからこそ、『大経』が本願の機と語るこの群萌として生きる人々を、それがまさに本願の機として如来に矜哀されているからこそ、親鸞は「われら」としてそれを信頼し、尊敬し、「同朋」として徹底してそこに生きようとしたのではないでしょうか。実はこのあたりに、同じように往生浄土の仏道を説く「浄土三部経」の中から、『観無量寿経』と『阿弥陀経』を簡《えら》んで、親鸞が『大無量寿経』を真実の教と仰いだ、その積極的理由があるように思われてならないのです。

ともかくこれが、親鸞の非常にすぐれた読経眼が読み取った、『大経』の大意です。われわれが『大経』を読みましても、中々このように簡潔明確にその大意眼目を捉えることは、できるものではありません。『大経』はインドで生まれた経典ですから、いかにもインド的な発想と表現がとられておりまして、インドの文章の特徴である、似たような表現が無限に反復するという形が、見事に貫かれています。恒河沙数、つまりガンジス河の砂の数という言葉がある通り、例えば浄土の荘厳を語るところなどにも、金・銀・瑠璃・水晶などの宝をあげて、延々とほぼ同じ描写が続いています。いかにもインド的表現に満ちたこの経典に取り組んで、この経典の大綱大意はこの二点だと読み取っていった親鸞の、経典を読む眼の確かさということを私は強く感じます。

『大経』の要点――本願と名号の讃嘆

親鸞が真実教を聞き取った『大無量寿経』の要点は、先に引いた宗体の解釈に述べられています。それは一体どのような教説なのか。端的に言えば、如来の本願を説く、ここにこの教説のいのちがある。その如来の本願を説く教説を、一言に凝縮すれば、本願の名のりである南無阿弥陀仏なる仏の名号に尽きる。このように了解すべきであると、親鸞は見事に『大経』の面目を浮き彫りにしました。

この了解の含蓄するところを、私はさらに次のように受け止めたいのです。すなわち、

我聞きたまえき、かくのごとき。一時、仏、王舎城耆闍崛山の中に住したまいき。大比丘衆、万二千人と倶なりき。一切の大聖、神通すでに達せりき。

このように説き始められているのが、歴史的に一つの経典という形をとって伝承されてきた、『大無量寿経』の教説です。釈尊が説いた教説という形をとって伝承されている、この『大経』の面目を、親鸞は「本願為宗・名号為体」の

教説だと捉えたのでした。しかし親鸞が『大経』にこのような了解をもった時、親鸞は『大経』というものをもう少し幅広く、柔軟に捉えたのではなかったでしょうか。伝承された『大経』は、仏説すなわち釈尊の教説という形をとっている。しかし、あえて言えば、釈尊の教説でなくとも、その形を超えて、どんな人が語ろうとも、本願をいのちとし、名号を讃嘆する言葉である限り、なおそれを『大経』と仰いでよいのだ。このように『大経』を解釈する自由さを、親鸞はもっていたのではないでしょうか。

例えば、親鸞が目の当たりにした法然は、

南無阿弥陀仏《なむあみだぶつ》　往生《おうじよう》の業《ごう》は　念仏を本とす　（『選択集』）

と説いた。どうしてこのようなことが言えるのか。それこそが如来の選択本願であるからだ。南無阿弥陀仏こそ選択本願の念仏だからだ。このように説く如来の選択本願に帰した法然は、あの苦労の多かった八十年の人生をひっさげて本願をほめたたえ、念仏を讃嘆し、選択本願の念仏に生きていった。その法然が全生涯を通して語り続けた言葉は、したがって、「本願為宗・名号為体」の教説であったと仰ぐべきではなかろうか。もしこのように了解するならば、法然が語ってくれたあの温かい一言、

ただ念仏して、弥陀《みだ》にたすけられまいらすべし　（『歎異抄』）

に象徴されるその全ての教言もまた、法然がわが信念として表白した、新たな『大無量寿経』といただいて誤りではないのであろう。「ただ念仏して」に象徴される法然の選択本願念仏の教えは、根本教説である釈尊の名のもとに伝承された『大経』が、歴史的に新しい形をとって説かれた姿ではないのか。このような了解を親鸞はもったに違いないと思います。

それと全く同じように、われわれにとっては親鸞の語った法語、書き表した教え、例えば明確に本願の論と言うべきこの『教行信証』も、要するにそれら

を一言に凝縮すれば、如来の本願を讃嘆し、名号を讃嘆し、われらはかくの如く本願の名号に帰して、無碍の一道を生きる身を賜わったのだと、全存在をあげて本願と名号を讃嘆し、その謝念を表白した言葉ではないでしょうか。経典の形を必ずしもとってはいない。あるいは論文の形をとり、あるいは語録の形をとり、またあるものは讃歌の形をとっています。しかしもともと仏説には、十二部経と言われるように、さまざまな形があったのでしょう。だから、種々の形をとりながら、新たに展開していく『大経』だ。あえてこう言うてよいのだ。このような大変に柔軟で自由な教説への了解が、親鸞にはあったに違いない、むしろそのことに積極的な意義を思うことです。

親鸞の生涯は人間的に言えば必ずしも恵まれていない、むしろ苦しむことの多かった人生でしょう。その中で終生「よきひと」と仰いだ法然との値遇を得て、そこに非常に大きな信念を獲得することができた人が親鸞です。その信念が生み出す情熱を、力を尽して生きていった人、親鸞。そんな親鸞に、この『教行信証』の堂々たる信念の表白を通して、少しでも触れていくことが大切なことだと思います。

九　二尊教

機法二種の深信

この大意の解釈の中に、弥陀と釈迦、この二つの仏様の名が出ています。このことが親鸞の仏教理解の上で、非常に大切な意味をもっていますので、いま少し尋ねてみましょう。弥陀とは信仰的自覚によって初めて見出され、われらを大悲の中に摂取して、流転の生を飜《ひるがえ》して浄土のいのちを生きるものとしてくださる恩徳として、自証せられるはたらきとしての如来でありましょう。それに対して釈迦とは、その信仰的自覚にわれらを目覚ましていく、教えを説いてくださる如来の名を表す言葉です。

一口に信仰といっても、さまざまな質、あり方があるでしょう。何か信仰の対象があって、それを信じ込む。十分に明確にそれを知ることはできないが、何かありがたいような気がしてそれを信ずる。こういう気分的な信仰もあるでしょうが、親鸞の言う信心は、余程その質が違います。それは一つの根源的覚醒であり、自覚であり、自己自身についての明晰な信知です。自己とは何ぞやという人生の根本問題についての明晰な自己認識です。どのような自己認識なのかと言いますと、それは、善導の深信の解釈を伝承して表白される、いわゆる機法二種の深信において信知される自己です。

一つには決定《けつじょう》して深く、「自身は現にこれ罪悪生死《ざいあくしょうじ》の凡夫《ぼんぶ》、曠劫《こうごう》より已来《このかた》、常に没《もっ》し常に流転《るてん》して、出離《しゅりつ》の縁《えん》あることなし」と信ず。（機の深信）
二つには決定《けつじょう》して深く、「かの阿弥陀仏《あみだぶつ》の四十八願《しじゅうはちがん》は衆生《しゅじょう》を摂受《しょうじゅ》して、疑いなく慮《おもんぱか》りなくかの願力に乗じて、定んで往生を得《う》」と信ず。（法の深信）
（『観経疏』）

信心の自己信知の第一の内容は、わが身を現に罪悪生死の身であると信知することです。自己とは何ぞや。少なくとも信心が深く信知したわが身は、罪悪生死の凡夫以外の何ものでもない、と表白されています。全く同じ自覚を例えば『歎異抄』は、「罪悪深重煩悩熾盛の衆生」と表白しています。罪深く、悪重く、煩悩が火のように燃え上がっている、そのような身である私。曖昧さを少しも残さないで、信心において自覚された自己が表白されています。われわれの日常の心では、わが身を罪悪の身だとは決して捉えることはないでしょう。全く逆に、罪、そんなことは犯した覚えはない。悪、それは多少悪いことはするが、善いこともしないではない。むしろこういうふうに自分を正当化して自己主張するのが、われわれの日常の心でしょう。そういう日常的な自己把握を破って、日常的な意識では、われらの根深い我執我愛の心が覆って見えることのない自己の実相が、罪悪の身だとはっきりと信知されるのです。と同時に、その自己の全体が如来の本願力に乗托し、往生浄土の一道に立つ身であると信知されます。清沢満之《きよざわまんし》の明確な表白によれば、自己とは他なし。絶対無限の妙用に乗托して、任運に法爾に此の境遇に落在せるもの、即ち是なり。（「臘扇記」）

こういう自己信知です。この二種の信知を内容として本願の信は現前する。日常的な意識には決して見えることのないこのような自己の実相が、はっきりとしかも確かに見えている。そういう眼を信心であると了解してもよいでしょう。これが親鸞が信心という言葉で語る人間の大切な宗教的自覚の特質です。

二つの契機——如来の大悲と釈迦の教え

このような人間の根源的自覚である信心、あるいは自覚という特質をもつ信心には、それを成り立たせている二つの契機があります。それを知るために親鸞の和讃の中で最も有名な恩徳讃を思い出してみましょう。

如来《にょらい》大悲の恩徳《おんどく》は
　身を粉《こ》にしても報ずべし
師主《ししゅ》知識の恩徳《おんどく》も
　ほねをくだきても謝すべし
（『正像末和讃』）

如来大悲の恩徳、師主知識の恩徳、この二つを挙げて、非常に大切な信心の謝念を率直に吐露した意味深い和讃です。二つの恩徳によって、わが人生を限りなく尊いものとしていただけた、こういう謝念を感慨深く述べております。如来大悲の恩徳とは、阿弥陀如来の恩徳です。師主知識とは、何よりも先ず釈迦如来です。知識というのは、知識があるないという知識ではなくて、先生とか、よき人、師である人ということです。人それぞれに有縁の師があることですが、人類の師というに価する人は、やはり釈尊でしょう。これがおよそ仏教者の信念ではないでしょうか。人類の教師、衆生にとっての偉大なる教師というべき方です。ソクラテスや孔子と同じ立場にある方であって、救世主ではありません。人間が生きる道について、最も大切なものを教えてくれた偉大なる教師。これがおよそ仏教者が共通にもつ釈尊観でしょう。われらにとって有縁の師である人を釈尊に代表させ、釈尊をわれらの教主としてこよなく大切に仰いでいることです。信心は人間にどのようにして起きるのか。何よりも先ず、真実の教えに遇い、それに育てられることによってである。そこに師主知識の恩徳、根本教主に帰していえば、釈迦仏の恩徳がある。真実の教えに遇うて開かれた喜びに満ちた目覚めは、真にわれらを救う如来を見出した。その如来こそ阿弥陀である。このことを「教巻」大意釈で述べるのです。釈迦の教えによって弥陀に帰すのが自然の順序でしょうが、親鸞は信心の自覚における意味の深さに従って弥陀・釈迦の順で述べています。

有縁の師の恩徳

このように、親鸞が言う意味での信心が成り立つためには、教えと、如来の大悲との二つの契機が必ずそこにあるのです。外なる真実の教えに育てられて、内なる大悲の願心に呼び覚まされていく。この事実を見落して、ただ如来を信ぜよといっても無理なことです。教えというものを真面目に求め、虚心に聞いていくならば、その聞法は必ずや聞く人を育てて如来の大悲に目覚ませてくれる。その教えを語ってくださる人、よき人を、われわれは親鸞に仰ぎます。それが「宗祖としての親鸞聖人」ということの意味です。親鸞はすでに七百五十年の昔に世を去って、もはや直接遇うことのできない過去の人ですけれども、時代のへだたりを超えて、自分にとって如何にも大切な教えを親鸞は語り続けてくださっています。過去の人親鸞に教えを聞くのではなくて、今現に生き生きと語り続けてくださる親鸞に触れる思いをもちながら、教えに耳を傾けることであります。さらにそこにはもっと身近な縁として、直接に身をもって遇うことのできた、有縁の師の恩徳ということがあります。例えば私にとっては、近くは清沢満之という明治の類い稀な求道者であった先輩、あるいは、曾我量深という清沢満之の求道に感化されながら深く如来の本願の心に尋ね入られた、大論師の面影を湛えた大いなる先輩もおいでになります。そういう身近な有縁の師に値遇するという縁をいただいて、あの偉大な親鸞の世界に帰入する道がわれわれに開かれるのです。有縁の師に遇うことによって、七百五十年の歳月のへだたりを一挙に超えて、生ける親鸞の語りかけにどれほど近く触れることができることでしょうか。親鸞もまた、一人の仏教者として、純潔に釈尊の教えに聞いていった人ですが、そこには法然という、大切な有縁の師との値遇があったことを思うことです。

真実教の開顕と伝承

親鸞は『教行信証』の最後に、この書を書く願いを託して引文した、道綽の言葉をしるしています。

真言《しんごん》を採《と》り集めて、往益《おうやく》を助修《じょしゅう》せしむ。何となれば、前《さき》に生まれん者は後《のち》を導き、後《のち》に生まれん者は前《さき》を訪《とぶら》え、連続無窮《れんぞくむぐう》にして、願わくは休止《くし》せざらしめんと欲《ほっ》す。無辺の生死海《しょうじかい》を尽《つ》くさんがためのゆえなり（「後序」）

前に生まれる者、後に生まれる者と、先輩・後輩ということが語られています。当然ここには、先輩・後輩が互いに師となり弟子となりあってという含蓄があるでしょう。互いに師となり弟子となりあって菩提の道を共に生きよう。これが仏教の師弟観の基本だといってよいのでしょう。

このように尋ねてみると、「教巻」大意釈の釈迦という言葉は、そういう師、よき人を包んだ名だと解すべきではないでしょうか。人それぞれに大切な有縁の師があり、その点からいえば、無数の師が現にあることですが、しかし総じていえば、親鸞がわれらの宗祖です。その親鸞は、さらに法然を真宗興隆の大祖と仰ぎ、善導を宗師と仰ぎ、世親を論主と仰ぎ、釈尊を本師とし教主世尊と仰いだ。このようにして、およそ人類の根本教主として釈迦牟尼仏が仰がれていくのですが、教主としての釈尊のお仕事といのちは、釈尊一代で終わることなく、その教えに帰して真実に呼び帰された無数の仏弟子＝仏者によって、生き生きと豊かに継承されていきました。ですから、かつて釈迦牟尼という名の仏陀がいた。かつて法然房源空と名のった一人の念仏者がいた。かつて愚禿釈親鸞と名のった一人の真実の探求者がいた。かつて清沢満之と名のった一人の真摯な求道者がいた。これが釈迦の名が表す真実教の教主の歴史的現実であり、これらの歴史的存在がこの世に生きて真実教の開顕と伝承という大切な仕事を果たしてくださったのです。

二河白道の譬え――発遣と招喚

親鸞が仏教者として立つ原点は、「よきひとのおおせをかぶ」るという一点でした。そして後に生まれた人に対する勧めは、「摂取不捨の真言、超世希有の正法、聞思して遅慮することなかれ」という、真実教をひたすらに聞けとの聞思の勧めでした。こうして真実の教えを聞思することによって、われらは信心の目覚めをいただき、如来に帰していくのですが、釈迦という教主の名がそのよき人を代表していることです。

ところで、例えばイエスの言葉として、

悩める者は、我に来たれ。

ということを私たちは聞いています。イエスのみならず、このように叫びかつ呼びかけるのが、一般に宗教者の発言だという理解があるでしょう。しかし親鸞の立場ではこのようには言いません。その辺りが非常に意味深く、また健だなと思います。このことを明確に教えてくれているのが、善導の「二河白道の譬え」の教えです。善導は親鸞が宗師として非常に尊敬した祖師で、八世紀、中国の長安の都にいたすぐれた仏教者です。「二河白道の譬え」は、信心を守護し、道を求めて歩む人が正しく進むべく、勧め励ますために語られた、実に意味深い一つの譬喩です。その要点は、火の河と水の河をもって、われらの中に激しく動く貪愛と瞋憎の煩悩を譬え、その中を貫いて東の岸から西の岸に到る一筋の白道をもって、貪瞋の煩悩中に生じた浄土を願う心を譬えるところにあります。さらにその白道を渡ろうとする行者に、東岸から勧め励ます声があり、また西岸から来たれと喚び招く声がある。この発遣と招喚の二つの声をもって、釈迦の教えと阿弥陀の本願の心を譬えるのです。

「譬えば、人ありて、西に向かいて行かんと欲するに百千の里ならん」。善導は譬えをこう語り始めます。わがいのちの帰する処を求めて旅立つ人が、ふと気づくと、目の前に大きな河があって、行く手をさえぎっている。一つは火の河であり、一つは水の河。われらの心の中に噴き上がる瞋憎の煩悩を火の河に譬え、われらを激しく押し流す貪愛の煩悩を水の河に譬えております。また、幅わずか四、五寸の白道が一筋、東岸から西岸に続いている。けれども、この燃え上がる火と波立つ水に焼かれ洗われて、その上極めて狭い道であって、とても渡っていけそうにない。このように求道を妨げる煩悩を見事に譬えております。渡るに渡れず立ち往生している旅人は、しかしながら、もしこの白道を歩まなければ、わが身にあるのは死のみだ。「すでにこの道あり。必ず度すべし」と思い定め、一歩この狭い白道を歩み出そうと決意した時、東の岸から「仁者《きみ》ただ決定してこの道を尋ねて行け、必ず死の難なけん。もし住《とど》まらばすなわち死せん」と、勧め励ましてくれる声を聞くのだ。このように善導は譬えを語るのですが、この勧め励ます声を発遣の声といい、教えのもつ大切な意味を表しています。この譬えでよく分かるように「苦悩するものは、私のところに来い。ここに救いがある」とは言いません。そうではなくて「苦悩するあなたは、あなたの求道の道を、勇気をもって生きてゆけ。そのほかに、あなたのたすかる道はないのだ。あなたの求道心の促すままに、一歩一歩と真面目に教えを聞いていく道を、力を尽して一人で歩いていけ」。このようにわが背後から勧め励ましてくれるのが「よきひとのおおせ」の恩徳なのです。東岸、すなわちこの人生にあって「帰り来たれ」と呼ぶ声は、流転の迷いの境界《きようがい》に呼び戻す群賊悪獣の声と言わなければならない。生死を超えていこうとする志を勇気をもって生き抜けと、後ろから勇気づけ励ましてくださるのが教えの恩徳だと善導は語るのです。

聞思と値遇

このように善導は教えを声に譬えています。非常に体験的な、実感に満ちた譬えではないでしょうか。教えに遇うた体験の実感をよく踏まえていると思います。われわれは、肉身の釈尊に遇い、肉身の親鸞に遇うすべはもうありません。ただ伝承されている経典を読み、書き著わされた聖典を読むことによって、釈尊や親鸞の教えに触れるわけです。その際、聖教を一所懸命に読んでいくのですが、しかし単に文字を追い、そこに教理や思想を読み取るだけではやはり不十分なのでしょう。活字で表されている文字に、生きた祖師たちの語りかけ、すなわち声を聞くまで読まないことには本当に読んだことにはならないのでしょう。よすがになっているのは文字です。しかし大切なことは、文字を通して釈尊のあるいは親鸞の語りかける声を聞くことなのだ。善導が釈尊の発遺を声に譬えているのは、おそらくはそのような含意があってのことに違いありません。

教えというのは、単に教義を意味しているのではなくて、端的に真実の言葉、真実にわれわれを呼び覚ましてくれる言葉、そのいのちが「真理の一言」であるような言葉です。ですから、伝承されている、文字で書かれた聖教に、生き生きと語りかけてやまぬよき人の声を聞け。声が聞こえるまで読み抜け。その声に励まされて、求道の一歩一歩を力を尽して歩め。こう勧め励ましてくださるところに、本当の教主の恩徳があるというべきではないでしょうか。発遣の声がまさしく聞かれた、これが法然の仰せに親鸞が遇うて、挙体の感動の中で深く深くうなずいたという出来事の意味でしょう。親鸞を発遣する声が「ただ念仏して、弥陀にたすけられまいらすべし」という言葉であったに違いありません。法然は「私のところへ来い」と語っているのではありません。「ただ念仏して、阿弥陀如来に救われていく道を歩け」と、親鸞を励まし勧めているのです。

この発遣する声が初めて聞かれた。それが教えに遇うたという出来事ですが、それは体験としていえば、無限に嬉しい出来事です。この喜びの体験と一つになっている目覚めが信心にほかなりません。そういう大きな恩徳をもつ発遣の声は、譬えていえば、耳に聞こえる声です。釈尊の、親鸞の、あるいは目の当たり遇うよき人の、私の肉の耳が聞くことのできる声であります。勿論既に世を去った方々もありますが、この世の言葉で語られた声、それが聖典に秘められているのです。

この発遣の声にうなずいた心は、その端的に、肉の耳には聞こえることのない、言わばわれらの魂に響く声を聞くのです。それが「汝一心に正念にして直ちに来たれ、我よく汝を護らん。すべて水火の難に堕せんことを畏れざれ」という、二河譬のいわゆる招喚の声です。本願の声と言ってもよいでしょう。魂に響く声なき声である本願招喚の声を聞く。この見事な譬えで、善導は真実教に遇うて開かれる信心の内景をいみじくも語るのです。救いを求めて止まない魂の祈りが、初めてわが身を無限の光の世界に呼び覚ます、声なき声を聞き当てた。このような大切な意味が、教えに遇うて無限に嬉しいという端的な体験の底に秘められていることであります。この意味深い出来事を、善導は二河の譬えの中で、非常に分かり易い譬えとして教えてくださっているのです。

凡小への哀れみ

繰り返すようですが、釈迦の名で表されているのは、教主世尊に始まるよき人の伝統、真実教の歴史の世界です。それに対して、真実教に発遣されて初めて目覚めた人の魂の耳に聞かれ魂の眼に見られたところの、つまり信心の自覚だけが初めて自覚したところの内面の世界、これが弥陀の名で表されています。弥陀の名で表される独自の恩徳は、善導によれば招喚です。招、これは招くこと、浄土へ帰れと招く声です。浄土とは、王舎城の悲劇を尋ねたところにあった「清浄業処」です。人間であることの悲しみが浄められる世界、だからこそ本当の安らぎのある世界です。穢土で苦しむわれらに対して、そういう浄土に帰ってこいと招くのが、招ということです。ところが、われわれの現実として、大きな苦悩――生活者の感情でいえば、むしろ苦労――の中に生きているのだが、どうもそのことに余り真面目にならない。本当は底知れない苦悩の中に喘ぐように生きているのだが、どうも一向にその深刻な事態に気づこうとしない。悲劇に遭遇して今更の如く世の無常を知るのですが、日常はそのことを忘れたように生きています。つまり、夢をみているわけでしょう。厳しい人生の現実から眼をそらしたい。本当のお前は一体何者なのか。罪悪生死の凡夫ではないか。しかしながらそういう自分を見たくない、見るに耐えない。だから本当の自分から眼をそらして、適当に気晴らしがしたい。このような現実の深い流転の夢を破れ、夢から醒めよ、目を覚ませと喚びかける根源からの声、これが喚です。

この招喚する声を、発遣する教えに遇うた者は、必ずその目覚めの中に聞き当てているのです。教えに遇うた信心の耳が聞き当てた、浄土に帰れとわれわれを喚び続けている声、これが本願の声です。その声に喚び覚まされた心が今更のように仰ぎ見る、われらの人生の闇を破って私のいのちの全体を照らし、生かし、摂取する大いなる光、これを阿弥陀と仰ぐのです。

阿弥陀は、われわれを喚び覚まし浄土へと呼び帰す声として譬えられる本願を、なぜおこしたのだろうか。それはひとえに凡小への哀れみ、すなわち凡小への大悲のゆえにです。釈尊の教えの方は、群萌の救いという言葉で、その大悲が表されていましたが、釈尊の教えに発遣せられて今更のように知る自己は、すなわち本願の機となった自己は、凡小という言葉で表されています。聖徳太子の言葉でいえば、「凡夫《ただびと》」でしょう。この世では、人それぞれ社会的地位や自負や何かがあることです。しかし、社会的地位があるとか、対人関係の中で評価をうけるとか、そういうことと関わりなく、一皮むけばみな、他人様の前にはとても出して見せることのできないどす黒いものをもってしか生きていけない身ではないか。このように知られた自己が凡小でしょう。『歎異抄』はいみじくも次のように語ります。

弥陀《みだ》の五劫思惟《ごこうしゆい》の願《がん》をよくよく案ずれば、ひとえに親鸞一人《しんらんいちにん》がためなりけり。されば、そくばくの業《ごう》をもちける身にてありけるを、たすけんとおぼしめしたちける本願のかたじけなさよ

「そくばくの業」とは、山のように沢山の業ということです。背負い切れないほど重たいものを背負い、生きていかねばならぬ私。身軽に生きていきたいのだが、とてもそうは生きていけない私。それが人生の実感ではありませんか。業縁、すなわち複雑に絡みあう人間関係の中で生きる全体が限りなく重い。そういうわれらを軽やかに生かしめる道をこそ願って本願はおこされたのだと、親鸞は了解したのです。

このように尋ねてきて改めて思います。釈尊はこの世に出興して教えを説き、群萌を救わんがために本願の名号を開顕した。如来が本願をおこしたのは、ひとえに凡小への哀れみのゆえだ。このように「教巻」の文章は記されていますが、背後に託された感銘からいえば、実は逆なのではないでしょうか。

すなわち、苦悩する中で救われたいと切実に祈り求める群萌の祈りに応えて、釈尊はこの世に出興してくださったのだ。凡小としてしか生きられないわれらの悲しみが、如来をして本願をおこさしめたのだ。こういうふうに読んでいけないでしょうか。そこに釈迦・弥陀二尊への無限の謝念が強く流れているのを感じるのです。『大経』の教説の要点が、二尊の大いなる恩徳としてしっかりと捉えられていることです。

第三章　「行巻」に学ぶ

一　本願の名号

ここからは、「行巻」を中心に、親鸞の本願念仏の仏道の大切な内容を尋ねていきます。

「行巻」標挙の文

「行巻」は、最初に普通「標挙《ひょうこ》」と呼んでいる、覚書のように書かれた、この巻の根本主題を表す一文が記されています。

諸仏称名《しょぶつしょうみょう》の願　浄土《じょうど》真実の行《ぎょう》
　選択《せんじゃく》本願の行

「浄土真実の行」を顕らかにしようとするこの「行巻」が、一番根本のところで何を言おうとするのか、それを標挙の文は語り告げています。その要の一点は、「諸仏称名の願」にあります。諸仏称名の願というのは、阿弥陀の名号が十方の諸仏に称讃せられる、つまり讃嘆され、称えられることを願った本願です。この本願によって成就するものは、〝本願の名号〟です。「南無阿弥陀仏」あるいは「帰命尽十方無碍光如来」という言葉で表される、如来の名号です。その名号は、単なる如来の名を表す言葉ではなくて、実に大切な意味があり、はたらきがあります。第一は、浄土真実の行というはたらき、第二は、選択本願の行という意味です。私はこの標挙をみまして、簡単なこの覚書のところに、親鸞の仏教理解の要点が、あるいは「行」というものについての親鸞の了解の要点が、すでに浮き彫りになっているのを感じます。

浄土真実の行、これを私は、衆生に浄土を開示する真実なるもののはたらき、と了解いたします。本願の名号があり、これに帰することによって初めて、もっと具体的に言いますと、〝本願の名号、われらにあり〟この信念をもつことができた時初めて、浄土を失って流転し続けるわれらに、真実報土が開示されるのだ、こういうことではないでしょうか。そして、このようなはたらきをもつ本願の名号こそが、「選択本願」の生き生きとしたはたらきなのだ。標挙の文は、ほぼこのようなことを語ろうとしているのではないでしょうか。

われわれの本能が、つまり生身をもって生きているという事実が、多少でもそこに苦悩することの深刻さを感じるならば、本能は浄土、すなわち安らぎの世界を必ずや求めている。われわれは、このことをしっかりと自覚すべきです。ところが、現代人として生きているわれわれの知性は、極楽という言葉で多くの場合語られる浄土に対し、言葉として一応は知っていても、逆に疎遠さとか軽蔑さえ感じています。そのような人にとって、浄土は一体どこにあるのか、遠い西の彼方にある、と言っても一種の荒唐無稽さを免れないようです。夕陽が海に沈んでいくのを見ると、殊に秋の夕焼けに美しく映える頃などには、いかにもわれわれの日常に忘れ果てているいのちの故郷、それを思い起こさせるような感銘が強くあったでしょう。けれども現在は、一種のノスタルジアとしては感ぜられても、自覚としてはあれどもなきが如しであるかも知れません。極楽という言葉は知っており、言葉に多少の感慨は呼び覚まされても、自覚として親鸞が無量光明土と言い、安楽浄土と告白したような浄土の自覚はないのかもしれません。要するに、正直に言えばわれわれの人生に浄土はないのです。このように言わなければならない現実があります。そこにあるものは、闇でしかないではありませんか。

浄土を本能的に求めていても、実はその浄土が分からない。一体浄土はどこにあるのだ、遠い西の彼方だ。いつ、その浄土へいくのだ、死の後にだ。こういうふうにいくら言われても、俗な言葉で有り体に言えば、本気でそれが信じられません。つまり、浄土が自覚にならないのです。浄土を本能的に求めていても、自覚として浄土をもつことができないままに、流転している。それがわれわれの偽りのない実相でしょう。そのような人間に、浄土を自覚的にもたしめるもの、浄土＝限りない光の世界を失っており、それゆえに人生に闇を感じて生きているものに、無量光の明るい浄土を開いてくれるもの、それが本願の名号なのです。

二　浄土の開示

念仏往生の伝統

「行巻」の標挙をもう一度見ましょう。

諸仏称名《しょぶつしょうみょう》の願　浄土《じょうど》真実の行《ぎょう》
選択《せんじゃく》本願の行

諸仏称名の願、これは十方恒沙の諸仏が阿弥陀の名を讃嘆し称揚することを願う願です。これによって成就されるのが本願の名号、南無阿弥陀仏でありました。この本願の名号は、何よりもまず「浄土真実の行」という大切な意味をもっている。それは浄土を本能的に求めているけれども、しかし自覚的には浄土が分からないもの、要するに浄土を失って流転するものに、浄土を開示してくれる真実なるもののはたらき、こういう意味であるに違いありません。

ごく通俗的に考えるならば、この浄土真実の行とは、ほぼ次のようなことでしょう。ここにわれわれの住んでいる世界がある。穢土と呼ばれる世界です。だが仏様の世界である浄土は、穢土とはずいぶん遠く離れていて、とても一里や二里の距離ではない。言ってみれば、十万億の仏様の世界を超えたその彼方にある。こういうように、古典的な浄土の像は語られています。

これより西方《さいほう》に、十万億《じゅうまんおく》の仏土《ぶつど》を過ぎて、世界あり、名づけて極楽《ごくらく》と曰《い》う。

（『阿弥陀経』）

このように『阿弥陀経』には説かれています。もちろん極楽浄土は、穢土すなわち娑婆世界の延長上にあるのではなく、浄土は穢土に超絶している。二つの世界の質の違いを、このような譬えで表しているに違いありません。だが、この穢土に生きているものがどうしたら浄土に行けるのか。いわゆる浄土に往生せしめる道は一体何であるのか。この往生浄土の行を求め求めて、遂にそれを念仏に見出したのが、浄土教の立場です。いわゆる念仏往生の伝統です。

浄土の実存性

日本の浄土教の伝統をみましても、親鸞以前の古い浄土教、いわゆる平安浄土教の時代にはずいぶん面白い独特の感情が湛えられています。この世で一声念仏すれば、浄土の宝池に一つの蓮華が花開くのだ、と。この世で称えた念仏が花開かせた蓮華が、やがてこの世の命終わって浄土に生まれる時、その人を迎える蓮台となるのだと言います。古い浄土教の独特の感覚です。ほぼこのような感覚を湛えた念仏往生の了解が、古く素朴な、つまり古代・中世の生活者の心根に感応した念仏の意味づけであったのだと思います。穢土に生きている者が、極楽浄土にどうしたら生まれることができるのか。それはただ、念仏することによってである。だから、念仏すればやがて浄土に生まれることができるぞ、このように浄土の教えは語り、説いてきたのです。これはこれで意味深いものがあり、親鸞もこのような了解を、必ずしも否定してはいないと思います。

しかし問題は、われわれは穢土に生きているものであり、われわれが生きる世界はこの世界しかない。少なくともこの世界しか分からないのではありませんか。この穢土で、われわれは人間としての自分の責任を果たして生き、そして死んでいくのです。その一人の人間として生きていく人生の中で、たとえ一声でも念仏することができるということがあれば、その念仏が命終わった時に自分を浄土に生まれさせてくれるというはたらきをもっている。念仏によって、遠く西の彼方にあるという浄土に生まれていく。いかにもそうであろう。そうありたいと思わぬではない。しかしながら、そういう浄土が本当にあるのだろうか。こういう疑問が、人間が物を考えるものである限り、尽きないでしょう。現代の宗教用語で言えば、浄土の実在性への疑問です。如来とか浄土と言うけれども、果たして本当に実在するのだろうか。こういう疑問です。

念仏こそ浄土を開く

人間の知性はそのような浄土の実在性を容易に信じ切れません。あるのかないのかという疑問の中に浄土が置かれて、如来や浄土が中々に信じ切れない。よくこの言葉を使います、〝信じ切れない〟と。親鸞は多分、同じような疑問に突き当たったのではないでしょうか。念仏によって浄土に生まれていく、と教えられる。その浄土が本当に実在するのであろうか。浄土から帰って、浄土を証明してくれた人は、誰もいない。周囲を見回しても、浄土を見た、浄土から帰ってきたなどと言う人は、人を救うどころか、却って人を惑わしてしまうようなことではないか。親鸞もまた、念仏往生と聞くのであるけれども、本当にそれが疑いのない真理であろうか、という疑問を感じて、行きつ戻りつした期間があるいはあったのではないでしょうか。親鸞が浄土について、真実報土と方便化土という独特の了解を立てていることを想起しても、そういうことが思われてなりません。

そういう親鸞にとって、念仏往生というのは、あるとされる浄土へ生まれていくという、神話のような話ではないのです。浄土を失って、つまり言葉としての浄土はもちろん知っていても、その浄土があると言い切れないで、要するにあれどもなきが如く浄土を思いながら流転し、無明の闇の中にいるわれわれに、本願を信じ念仏するという自覚は、まさにその信じようとして信じ切ることのできないものとしてあった浄土を、現実の体験としてはっきりと開示してくれるのです。だからこそ、本願を信じ念仏するその人には、努力をまたないで、真実の浄土が間違いなく開示されてくるのです。ですから念仏して浄土へ行くというのは、むしろ譬えなのでしょう。念仏すれば、浄土が開かれてくるのです。だから浄土へ行く必要はない。このように、念仏は、浄土を失って流転している衆生に、真実の浄土を開いてくれる真実なるもの＝如来のはたらきなのです。この場合の浄土とは、きらびやかなイメージで飾られた世界というものではなくて、〝限りない光の世界〟すなわち無量光明土という非常に端的な表現が最も的確に表すように、広大無辺際の光に満ちた世界として体験されている。その体験を自覚的に言えば、広大無辺際の如来の功徳、すなわち真実功徳がそこに生き生きと自証されているのです。

そのような光の世界である浄土をどこで体験するのか。「三塗勤苦の処」においてである。穢土の真っ只中で、体験するのです。だからこそ、その人の人生は浄土をもった人生という、大切な意味が与えられたのです。大略このように、親鸞は念仏を、そして浄土を了解したのであろうと思います。現代人であるわれわれに、いかにもよくうなずける了解ではありませんか。繰り返すようですが、念仏して穢土から浄土へ行くと言う時、われわれには残念ながら先ほど述べたような疑問が、どうしても払拭し切れないのです。そうではないのだ。われわれには浄土はないのだ。その浄土がないという悲しみの中にあるわれわれに、本願を信じ念仏するという行為は、浄土を必ず開いてくれるのです。このような念仏理解の方が、私には極めてよく分かります。多分親鸞は、浄土真実の行という言葉で、そういうことを言おうとしたに違いありません。

そうしてみると、浄土の実在性に対する疑問、すなわち浄土が一体本当にあるのかないのか分からない、如来が本当に実在するのであろうかどうであろうか、こういう呟きは実は、その人に本願を信ずる信心が曖昧だ、念仏が本当には分かっていないということを白状していることです。大切なことは、あなたに求道心が動いているのですか。真面目に聞法しようという志が動いていますか。そして真実の言葉に遇って、念仏する身となっていったのかどうか。それをこそ問うべきです。それを離れて如来や浄土の実在性を百年議論しても、時間を浪費するだけではないでしょうか。

三　浄土をもった人生

如来の回向を自証する

では「行巻」の本文を見ていきましょう。

謹《つつし》んで往相《おうそう》の回向《えこう》を案《あん》ずるに、大行《だいぎょう》あり、大信《だいしん》あり。

これは「教巻」の最初の、

謹《つつし》んで浄土真宗を案ずるに、二種の回向《えこう》あり。一つには往相《おうそう》、二つには還《げん》相《そう》なり。

を受けていることは言うまでもありません。この往相回向という言葉で、親鸞は浄土真宗の仏道としての積極性をまず語り始めています。如来の回向に帰して往生浄土の一道に立つこと。言葉を換えれば、そこに如来の回向を自証する体験、それは、一言でいえば、〝本願の名号、われらにあり〟このように述べることのできる信念にほかなりません。すなわち本願の名号である南無阿弥陀仏に如来の熱いいのちを感じ、その南無阿弥陀仏によって自分はこの人生を生き抜いていく力をいただくのだ。本願の名号である南無阿弥陀仏こそが、われらの人生の畢竟依である。こういう内容の信念を、私は〝本願の名号、われらにあり〟という言葉に託して語りたいのです。南無阿弥陀仏の六字の名のもとに生き、そして安らかに命終わっていく道をいただいた。このように言うことのできる大道、要するに、如来の名、そこに如来のいのちである大悲を生き生きと体験していく大道としてです。

この回向という言葉で表す如来のはたらきを体験することができた時に、その人の人生は〝往生浄土する人生〟という意味を改めてもつこととなる。これが往相回向ということの内容です。往生浄土する人生とは、もっと素朴に言えば、浄土をもった人生を生きること、そういう身となることだと言ってよいでしょう。南無阿弥陀仏という言葉に遇って、如来の大悲に本当に目覚めた人は、そのまま浄土をもった人生を生きる身となる。そういう内容の人生が与えられるのです。そのような回向の事実、それが大行であり大信である。親鸞はこのように語っています。往相回向というのは、大体こういう事実を表す言葉なのです。

私が非常な感銘を受けると同時に、わが意を得たりと思うのは、この浄土をもった人生という意味のことを親鸞聖人が使っておられるのです。それは「浄土を獲得する」という意味の言葉です。「(悲願は) よく真実報土を得し」むと。この「真実報土」というのは、本願成就の真実の浄土という意味ですが、本願に帰するならば、よく真実の浄土を得るのだと、親鸞は語っているのです。浄土をもった人生があれば、当然のこと、浄土をもたない人生もあります。親鸞が浄土と言う時、ことに真実報土と言う時には、いわゆる金色に光り輝くきらびやかな宮殿があったり、池があったり、迦陵頻伽《かりようびんが》が歌っていたりというような、絵に画いたような極楽世界を言うのではありません。

端的に「無量光明土」、すなわち限りない光の世界だというのが、親鸞の浄土についての基本的な了解です。そしてこの無限の光の反対は、無限の闇でしょう。すなわち無明闇です。無明の闇とは、生活者の感覚で言えば、生きあぐね、途方に暮れるということではないでしょうか。途方に暮れる。私たちは思いがけないことが次々と起こって、途方に暮れる。そのようなことに絶えず出遇わねばならぬ運命をもっているのです。

無明の闇を破する

真宗大谷派に、高光大船という先輩がおられました。暁烏敏師の後輩に当たる方ですが、非常に厳しい信仰に生きた方でした。私は信仰運動という言葉を聞くと、すぐにこの方を思い起こします。その高光師が、

夜明けの前は闇にきまっている。

と語っています。闇の中で途方に暮れ、生きあぐねた者であれば、夜が明けたということが、どんなに嬉しいことかということは説明不要だろう。「夜明けの前は、闇にきまっている」。実に見事な言葉ではありませんか。今、闇の中にあって泣いている者は、やがて夜明けの嬉しさを知る者なのだ。闇の中に泣

いたことのない者に、一体夜明けのありがたさが分かるのか。実は全く同じことを、親鸞がすでに語っているのです。如来はわれらの無明の闇を破る智慧の太陽であると。

竊《ひそ》かに以《おもん》みれば、
難思《なんし》の弘誓《ぐぜい》は難度海《なんどかい》を度《ど》する大船《たいせん》、
無碍《むげ》の光明《こうみょう》は無明《むみょう》の闇《あん》を破する恵日《えにち》なり。
（「総序」）

また、こうも言います。

すでによく無明《むみょう》の闇《あん》を破す
（「正信偈」）

無明の闇が破られて、無限に明るい世界に新しいいのちをいただいたのだ。だから途方に暮れるほかはないような人生の中で苦しんだ者にとって、浄土は

〝安楽〟の世界なのだ。このように親鸞は浄土を語るのです。

このような浄土をもった人生を、南無阿弥陀仏において如来の回向を自証することができた時に賜わるのです。それが往相の回向ということでしょう。ですから親鸞が無明の闇という言葉で語るような、浄土をもたない人生、それは〝流転する人生〟です。ただ生きているだけ、こんな意味しかもち得ないような一生、悲しみを湛え、空しさの中にあるような人生、それを浄土をもたない人生という言葉で捉えることができると思うのです。浄土という言葉を聞く時、私たちは自分自身に問うてみるべきでしょう。お前に浄土はあるのかと。言葉として浄土は知っていても、浄土が実感でき自覚できているのかどうかが大切なのです。

日本人の多くは、浄土という時、安楽浄土というよりも〝極楽〟という言葉に親しんでいるのが実情でしょう。安楽も極楽も、共に阿弥陀如来の浄土を表す名ですが、極楽浄土という名などを聞きますと、「何だ、極楽か」などと呟くでしょう。つまり軽蔑に価するという感情を、何となくもつのが一般かも知れません。現代人の多くは、残念ながらそんな実情なのでしょう。もちろん、いくら軽蔑したって一向に構いません。清沢先生は、実に見事にそれに対して応答しています。

如来は侮辱を受くることなきも、爾《なんじ》の苦悩を奈何《いかん》せん。（「絶対他力の大道」）

極楽か、如来か、念仏か。そう侮辱したって一向に構わない。如来は人間の侮辱ぐらいによって、何の傷も受けることはない。しかし、そんな言葉を吐いて侮辱しているお前は、今現に苦悩しているのではないか。その苦悩が、如来を侮辱することによって癒されでもするのか。とんでもない話ではないか。身の程を知らぬということを、暴露しているだけのことであって、極楽か、念仏かなどという仏教を侮辱する言葉を聞いて、一体誰が共感し尊敬などするでしょうか。仮りにいたとしても、そんなことによっては、苦悩するお前のその苦悩が癒されることはないでしょう。苦悩しないのであれば、如来と言い浄土と言っても、そもそも意味はないのです。高光大船師が言われる通りでありまして、夜明けの前は闇に決まっています。闇の中で途方に暮れ、生きあぐねるような人生を知らずに生きているほど、無感覚で鈍感な、また愚かなことはないのでしょう。

われわれ現代人の知性は、浄土とか極楽とか仏様とかを必ずしも尊敬せず大切にしないかもしれません。けれども何遍も言いますが、親鸞が苦悩と言い、流転と言い、無明の闇という言葉で語っていることは、われわれ生身をもって生きなければならない人間の底知れぬ深い問題を何かチクチクとつつくのではないでしょうか。それでよいのか。お前の人生はそれほど確かなのか。お前の誇る知性は、極楽世界を軽蔑するほど確かなのか、と。こういう鋭い実存的問いを、生きあぐねるという感覚や苦悩という経験が、本能的に自分自身に問いかけているはずです。そしてこのことに気づいた人は、知性は極楽を納得しなくても、何か安らかな世界がないと自分の現在生きている人生が、どうも満ち足りた思いと共にうまく完結していけないのではないか。何かわびしい、惨めさの中に終わっていくのではないか。こういう予感をもつのではないでしょうか。こういう感覚が、実は仏教への第一歩となるのです。ここのところが鈍感であれば、「縁なき衆生は度しがたし」と言われる通り、仏教と遂に縁が結ばれないのではないでしょうか。

四　無碍光如来の名を称す

浄土真実の行

大行《だいぎょう》とは、すなわち無碍光《むげこう》如来の名《みな》を称するなり。（「行巻」）

次に「行巻」の根本命題を尋ねていきます。浄土真宗も仏道である限り、行ということは極めて大切なことです。親鸞は、ただ単に行とだけ言わないで、「浄土真実の行」と言い、「大行」と言います。〝真実〟とか〝大〟という言葉をそえて、親鸞の立場で言う行の大切な性格を表そうとしています。私はそこにある親鸞の自覚を尋ねて、親鸞が顕らかにしようとする行は、努力して行うというような行、いわゆる修行と言われるような性格をもつ行とは違うのだと、言おうとしていることが思われるのです。

努力のことを自力と言います。人間の、自分自身への自信です。親鸞は、

自力《じりき》というは、わがみをたのみ、わがこころをたのむ、わがちからをはげみ、わがさまざまの善根《ぜんごん》をたのむひとなり。（『一念多念文意』）

と語っています。だから六度の行にしても、親鸞の眼からみれば自力の行以外の何ものでもありません。人間が、生死の苦の中に生きるもの全ての解脱を願うて、真面目にしかも力を尽して努力する、こういう形で実践する行だ。ここ

には批判すべき何ものもありません。苦悩から救われたい。流転する生死から解脱したい。自分の生き様に深い迷いを感じ、感じるからこそ、その迷いの夢を破ろうという願いを起こした者は必ず、仏道において行とされた行為を力を尽して実践せよ。そのほかにどこにも迷いの夢を破る道はないのだ。このように仏陀は教えてくれたのだと言うのですから、尊敬こそすれ、非難すべき何ものもそこにはありません。ところが真宗の立場の人は、自力無効だと言って何の行もしない。ただお与えであるとか、お恵みでありがたいと言って何の実践もしない。あれは怠け者の仏教ではないかと批判なさって、真宗にも行、すなわち実践が要るのだというようなご見解をお述べになる方もしばしばおいでです。

だが親鸞は「浄土真実の行」ということを力をこめて語っています。その行を先ほども言いましたように、〝真実〟とか〝大〟という言葉を添えて語ります。そこに親鸞は何をみていたのでしょうか。それは力を尽して行を行ずるまさにその努力のこころに、自力は無効だ、人間の努力は駄目だということを痛

いほど知らなければならなかった、親鸞の長いそして力を尽しての求道の苦労があったのです。『歎異抄』はこのことを、

いずれの行もおよびがたき身なれば、とても地獄は一定《いちじょう》すみかぞかし。

という言葉で述べ、自力無効の痛みに満ちた自覚をはっきりと語っております。同じことが『歎異抄』の第三章には、もっと感銘深い言葉で次のように表白されています。

煩悩具足《ぼんのうぐそく》のわれらは、いずれの行《ぎょう》にても、生死《しょうじ》をはなるることあるべからざるをあわれみたまいて、願《がん》をおこしたまう本意《ほんい》、悪人成仏《あくにんじょうぶつ》のためなれば、他力をたのみたてまつる悪人、もっとも往生の正因《しょういん》なり。

これはもう、本当に痛切な告白です。自分は生死の迷いを超えようとして、本

当に悪戦苦闘した。できる努力は力を尽して真面目にやったけれども、遂にその行は成就しなかった。煩悩を破ろう、煩悩にうち勝ちたいと思って、不断念仏の行をはじめさまざまの行修の中で、何とか煩悩の突き上げるような力に負けまいと思って努力に努力を重ね、悪戦苦闘したけれども結局残るものは、煩悩にいつも負けてしまう弱い自分でしかない。この、煩悩に負けてしまう自分、その身の痛み、この痛ましい現実に触れるほかはなかったのです。道理としては断惑証理《だんわくしょうり》の一言に尽きるのでしょう。本当に解脱を得たいと思うならば、われわれを流転の迷いに沈めている元である煩悩を断ぜよ。そのためには行に身を励まし、力を尽して努力しなければならない。一生をかけても、さらに幾たびの生をかけても、さらには三大阿僧祇劫をかけても。そして行を成就していくほかに、煩悩を断じて解脱を得る道はどこにもないのだ。誰かに助けてもらおうと思ったら、大間違いだ。それもまた、煩悩なのだから。依存という弱い心だから。

行とは如来のはたらき

　このような断惑証理の道は、道理としては正しいでしょう。これを否定するわけにはいきません。そしてこれはまた常識でもありましょう。棚ボタということはないではないが、しかし僥倖《ぎょうこう》は当てにはならない。人生結局努力しただけだ。これは健康な常識がうなずいている健康な道理です。しかし今親鸞が突き当たったのは、その努力する自分の中にひそみ、修行の努力の中で否定しようもなく露出する根源的な弱さ、これに触れた痛みでした。それは独り親鸞だけの苦悶でしょうか。だから道理としては正しい断惑証理の修行も、譬えて言えば、自分で自分の身体を持ち上げようとするに似ている。いかに努力しても、それは不可能ではありませんか。持ち上げようとすると同じだけの力が、自分を足下の大地に押しつけている。譬えればそのように、道理としては正しい断惑証理の修行も、現実としては全体が無理であり、実は到底不可能であり、「遂《つい》に不可能の歎きに帰するよりほかはない」のです。このようにして

「いずれの行にても、生死をはなるることあるべから」ずと言うほかはない身の現実に、親鸞は突き当たったのでした。この重い歎きに逢着した人をとらえて、お前には行がないというのは、これはものを知らぬということです。

しかしながら、行がなかったら願が成就しない。これは仏教の道理です。だがその行が、煩悩具足の凡夫という絶対的な弱さをもつわれらにあっては、いかにしても成じ難い。行ずることも容易ではないし、また成就することは、ほとんど絶望的に不可能です。一体、ではどうすればよいのだ。これが実際問題ではないでしょうか。

これに対して親鸞は、行がなかったら仏道はないのですから、どうしても行を立てなければなりません。しかし、煩悩具足の凡夫が自分の努力によって実践しようとするような行は、所詮行にはならない。けれども行がなかったならば、仏道は成立しない。それならばいかなる行が「いずれの行もおよびがたき身」と親鸞が述懐したような、自力は無効だという根源的な弱さに触れた者の上に実現するのであろうか。この一事を問うていったのです。その答えが「行巻」で解明されていったのだと、私は思います。少なくとも親鸞が行というものを「浄土真実の行」とか「大行」と語るのは、普通にわれわれが理解している行とは違ったものを言おうとしているのだということをご了解いただければ幸いです。その違いに注意して尋ねてみますと、親鸞が〝真実〟とか〝大〟という言葉を使って表そうとしているものは、基本的に〝如来〟であると思われます。如来が行じている。如来がはたらいている。人間が努力して行う行為と、如来のはたらきとしていただくような行為と、このような行為の質の違いに親鸞は注意しているのです。

本願の名のりを聞く

以上のような確かめを踏まえて、「行巻」の根本命題を尋ねていきましょう。

大行《だいぎょう》とは、すなわち無碍光《むげこう》如来の名《みな》を称するなり。

ここにはっきりと「無碍光如来の名を称す」と、称名ということが語られています。これが浄土真宗という仏道の一番大切な要なのです。あるいはもっと積極的に、真宗という仏道の全体を支えている礎石だとさえ言ってよい大切な事柄です。称名、いわゆる念仏です。だから、真宗という仏道は、念仏すること、その上に成り立つような仏道です。もちろんこの場合、人間が努力して行うような行とはいささか性格が違い、如来がわれわれの上に名のり出、その如来のはたらきがわれわれを仏道に立たせてくださる行なのだ。こういうように言おうとしているのではないでしょうか。如来が如来の世界に静かに安住しているのではなくて、そのはたらきを生き生きと衆生の上に現行させている。そういう意味を、称名という行為に親鸞は確かに見たのです。

また、このような称名がまさしく大行として衆生に誕生するについては、そこに聞名という非常に意味深い行為が、いわばその根本としてあることが頻りに思われます。聞名、いわゆるよき人の教えに聞くことを通して、さらにその深いところに本願の名のりを聞く。この聞名によってのみ、衆生の称名は誕生し、はぐくまれていくのではないでしょうか。

大切なことは、この無碍光如来の名を称すということが、浄土真宗という仏道の全てを支えている礎石だということです。ですからその浄土真宗を開顕した親鸞の人間像を尋ねるならば、何よりもまず親鸞は、純潔な念仏者であったと言わなければならないでしょう。『歎異抄』では念仏者と言い、信心の行者と語ります。「信巻」では、金剛心の行人と語っています。金剛心、すなわち本願の信を生きる者という意味だと了解したいのですが、その自覚をもって生きる者の像は、端的に念仏者ではありませんか。南無阿弥陀仏と、朗らかに如来の名を称えつつ生きる者。南無阿弥陀仏と称える、朗らかな自覚をもって人生を生き抜く者。要するに念仏をもって人生を貫いた人、これが大行に帰して浄土真宗を身をもって生きた人、親鸞の最も確かな像であったと私は仰ぐのです。

このような無碍光如来のみ名を称する者としての親鸞の誕生は、

しかるに愚禿釈《ぐとくしやく》の鸞《らん》、建仁辛の酉《けんにんかのととり》の暦《れき》、雑行《ぞうぎよう》を棄《す》てて本願に帰す。(「後序」)

と表白された、二十九歳の時の法然上人の教えとの出遇いの時でした。師の法然もまた、「法然が念仏か、念仏が法然か」と言われたほどの類い稀な純潔な念仏者でした。日課七万遍の念仏を法然は生き抜いたと伝えられています。その法然の教えに出遇って、尽十方無碍光の世界に新しいいのちに甦った親鸞は、ですから、法然の弟子として吉水に学んでいた頃、あるいは日課を定めて念仏することがあったかも知れません。そしてまた、はからずも承元の法難に連座して越後に流罪となった時、その念仏をもって立った宗教生活が、流人として生活に疲れていく中で、あるいは荒れ果てていくことがあったかも知れません。

念仏もうしそうらえども、踊躍歓喜《ゆやくかんぎ》のこころおろそかにそうろうこと、またいそぎ浄土《じようど》へまいりたきこころのそうらわぬは、いかにとそうろうべき

ことにてそうろうやらん

と尋ねる唯円に、

親鸞《しんらん》もこの不審《ふしん》ありつるに、唯円房《ゆいえんぼう》おなじこころにてありけり。（『歎異抄』）

と答えた親鸞の述懐に、この流罪生活の中で「念仏」に疑念を抱く時期があるいはあったのかもしれないと、ひそかに思ったりもします。そういう試練をもかいくぐって、八十五歳、晩年に到った親鸞は、しかしながら大きな情熱をこめて『正像末和讃』に、このような力強い念仏の勧めを詠い上げるのです。

弥陀《みだ》大悲の誓願《せいがん》を
ふかく信ぜんひとはみな
ねてもさめてもへだてなく

南無阿弥陀仏《なむあみだぶつ》をとなうべし

老境に入って久しい、すっかり老人となった八十五歳の親鸞。吉本隆明氏の言葉でいえば、老いさらばえた親鸞。しかしその精神活動となりますと、意気軒昂としています。このころが、著作の数の一番多い時期なのですから。そのような老境に入った親鸞が、「如来の本願に帰して深く如来大悲の恩徳を知った人であるならば、寝ても覚めてもへだてなく、南無阿弥陀仏を称えよ」と、自分自身に言い聞かせ、また人に念仏を勧めています。要するに身を励まして、念仏することをもって人生を貫こうとしているのです。その親鸞が人生を終わっていく時の姿は、

ついに念仏の息《いき》たえましましおわりぬ。

（『本願寺聖人伝絵』）

と伝えられています。生きるも死ぬるも念仏の中と言いましょうか、南無阿弥

陀仏をもって人生を生き抜く。これが念仏者親鸞の生きざまであり、親鸞のいのちの全てを支えていたのです。この事実が、無碍光如来の名を称する念仏をもって、浄土真宗という仏道の全てを支える礎石と了解した、親鸞の自覚が依って立つ、まさにその立脚地であったと思うのです。

寝ても覚めてもへだてなく、南無阿弥陀仏を称えて生きるとは、ただ南無阿弥陀仏と発音しているだけではありません。それは大きな讃嘆の表明なのです。如来の大悲が、私のいのちの全てを包み生かしている。如来の大悲の中に、わがいのちを見出した、その自覚と大きな謝念の表白です。如来の大悲がわがいのちの全てを生かしている。だからこそ煩悩の身ゆえに人生に迷い、生きることに惑うその身をもって、しかしながら虚心平気に生死することができる、無碍自在の道に立つことができるのではありませんか。『歎異抄』が、

念仏者は、無碍《むげ》の一道なり。

と語るのは、いかにもよく大行である念仏の功徳を、わが信念として表明した言葉ではないでしょうか。

十字名号

ところで、この無碍光如来の名は、浄土教の歴史と共に古い言葉、つまりインド以来大切にされてきた言葉で表せば、法然や一遍という人の大変な努力によって完全に一つの日本語になった、南無阿弥陀仏という六字で表される名、いわゆる六字名号という如来の名を表す言葉であることは、改めて言うまでもない常識です。ところが親鸞は、殊《こと》に晩年になりますと、この六字名号と共に、「帰命尽十方無碍光如来」という「無碍光如来」という言葉の入っている名号、十文字で表されるので十字名号とも呼びますが、この十字名号を殊に大切にしているのです。それにはもちろん、いろいろな理由があったのでしょう。第一に思われることは、南無阿弥陀仏という言葉は何と言っても、もとももと外来語だということです。法然や一遍たちの努力によって、日本語と区別のつかない言葉になっていますけれども、ナモー・ミターバーヤ・ブッターヤ namo 'mitābhāya buddhāya を音写した言葉です。意味は「限りない寿命と光の仏陀に帰命する」ですが、この大切な意味をもつ言葉を翻訳して、帰命尽十方無碍光如来とか、南無不可思議光如来という名号が生まれてきました。中国語に翻訳されて漢字の読める者に直ぐに意味の分かるようになった名号の中で、親鸞は殊にこの十字名号を大切にしたのです。

ですから親鸞は大行を内容づけて「無碍光如来の名を称する」としているのは、インド以来、西域の人が、中国の人が、朝鮮の人が、そして日本人が、その言葉で如来を仰ぎ如来を表白してきた南無阿弥陀仏という言葉と共に、ときにそれ以上に、帰命尽十方無碍光如来という名号を大切にしていたのだということが、まず見当づけられます。

七人の祖師

そして、この「無碍光如来の名を称する」という言葉は、親鸞が創出したのでなくて親鸞にとって大切な祖師である曇鸞の著書、『浄土論註』にある言葉に依っているものです。祖師といえば、親鸞が特に浄土真宗の祖師として大切に仰いだ七人のすぐれた仏教者があることは、ご存知のことと思います。つまり親鸞の自覚内容としては、浄土真宗という仏教は、もちろん親鸞の信念にまでなった仏教ですけれども、しかし親鸞が考え出したものとか、突然天の閃きを得て創案したというようなものではないのです。釈尊以来数多くの人が、それに依って生きてきた正道である。こういう自覚を表すべく、特に仏教の根本教主である釈尊と、その釈尊に帰しその精神を本当に生き、さらにそれを受け継いできた仏教者の中から、特に七人の高僧が選ばれました。親鸞に先立って浄土真宗を生き、かつ明らかにした祖師と仰がれ、七祖とか七高僧とか呼ばれている人たちです。その七祖の名をあげるのが、「行巻」の結びにおかれる

「正信偈」なのです。

ちなみに七祖の名をあげておくと、龍樹と世親はインド大乗仏教の、代表的な仏教者です。曇鸞・道綽・善導は、中国のすぐれた仏教者。そして『往生要集』を書いた比叡山の源信僧都、親鸞が終生「よきひと」と仰いだ法然上人が日本の祖師です。

もちろん七人とも親鸞にとっては大切な祖師がたですが、その中で親鸞は殊に世親と曇鸞に大きな感化を受けているのです。親鸞という名は、二人の祖師からその名の一字ずつを頂いて、自分の名のりとしていることからもうかがうことが出来ます。

その世親を親鸞が浄土真宗の祖師と仰ぐのは、その著『無量寿経優婆提舎願生偈』、普通『浄土論』と呼ぶ聖教に基づいてです。その『浄土論』を註釈したのが、曇鸞の『浄土論註』です。親鸞が世親・曇鸞二人の祖師を殊に大切に仰ぐのは、この『浄土論』と『浄土論註』に依って、自らが真実教と仰いだ『大無量寿経』の本当の精神を的確に了解することができたからにほかなりません。その意味で、この二部の本によって、浄土真宗という仏道において決定的に重要な意味をもつ浄土について、仏教の自覚道としてそれを了解する知見の確立に大きな教えを受けたことを親鸞は告げているのです。その『浄土論』に、

いかなるか讃嘆する。口業《くごう》をして讃嘆したまいき。かの如来の名《みな》を称し、かの如来の光明智相《こうみようちそう》のごとく、かの名義《みようぎ》のごとく、実のごとく修行し相応せんと欲《おも》うがゆえなり。

と説かれています。それを『浄土論註』は註釈して、次のように語ります。

「称彼如来名《しようひにょらいみよう》」とは、いわく無碍光如来《むげこうにょらい》の名《みな》を称《しよう》するなり。

この『浄土論註』の「称無碍光如来名」という言葉に依って、今われわれが尋

ねている「行巻」の、

大行《だいぎょう》とは、すなわち無碍光《むげこう》如来の名《みな》を称するなり。

という命題が定立され、語られているのです。ですからこの言葉で親鸞が何をわれわれに語り告げようとしているのかを尋ねようとするならば、この『浄土論註』を踏まえて、これは大きな讃嘆なのだということが、まずうなずかれなければならないでしょう。ただ訳もなく称えているのではなく、不安を紛らすために称えるのでもなく、何かご利益を期待して呪文のように称えているのでもない。わが心に開かれた、大きな讃嘆の思いの表明なのです。讃嘆というのは、もう少し人間臭い言葉でいえば、感謝ということでしょう。大きな感謝の心を、南無阿弥陀仏という言葉で表明している。こういうことがまず注意されておくべきだと思うのです。要するに、親鸞が無碍光如来の名を称す、南無阿弥陀仏と称名念仏すると言った時、そこには如来大悲の恩徳に対する大きな感謝の思い、あるいは讃嘆する思いが大きく動いているのです。それを「私は如来大悲の恩徳を感謝する」と言わないで、「南無阿弥陀仏」という言葉でもってその謝念を表現しているのだということです。

『歎異抄』において、親鸞は全く同じことを語っています。第一章の最初の言葉がそれです。

弥陀《みだ》の誓願不思議《せいがんふしぎ》にたすけられまいらせて、往生をばとぐるなりと信じて念仏もうさんとおもいたつこころのおこるとき、すなわち摂取不捨《せっしゅふしゃ》の利益《りやく》にあずけしめたまうなり。

ここに「念仏もうさんとおもいたつこころ」ということが語られています。この非常に意味深い心が言葉となって表れて、一声の念仏となり、そして一生を貫く念仏となるのです。そこには立ち上がるような勢いがあります。たとえ耳に聞こえる念仏の声は、あるいは静かであり、時にはボソボソとした小さな声であっても、念仏は本来法爾として朗らかであり、立ち上がるような勢いがあるのです。念仏を陰気くさいなどと言うのは、実は念仏をしたことのない人の話であって、聞法によってはぐくまれ、勝ちとられた念仏は、人間を無碍の一道に立たしめる本来朗らかなものです。これが念仏者親鸞の心意気です。蓮如は、

憶念称名《おくねんしょうみょう》、いさみあり

（『蓮如上人御一代記聞書』）

と言います。念仏することによって如来大悲の恩徳を憶念する時、人は立ち上がるのだ。このようなものが、親鸞の念仏だったのではないでしょうか。

五　真如一実の功徳

念仏のみがまこと

称名がまさに大行である理由を、「行巻」は大行の定義に続いて次のように語ります。

この行《ぎょう》は、すなわちこれもろもろの善法を摂《せつ》し、もろもろの徳本を具せり。極速《ごくそく》円満す、真如《しんによ》一実の功徳宝海なり。かるがゆえに大行《だいぎょう》と名づく。

ここに語られる「もろもろの善法を摂し、もろもろの徳本を具せり」については、われわれは『歎異抄』のあの余りにも有名な言葉を思い起こして、十分に了解することができます。

しかれば本願を信ぜんには、他《た》の善も要《よう》にあらず、念仏にまさるべき善なきゆえに。悪をもおそるべからず、弥陀《みだ》の本願をさまたぐるほどの悪なきがゆえに

そしてこの〝善〟が、普通善悪と言われる時に使われるような単なる倫理的な意味のものでないことは、同じ『歎異抄』の伝える親鸞の述懐から、疑う余地なく明確に知ることができます。

善悪のふたつ総じてもって存知《ぞんじ》せざるなり。そのゆえは、如来《にょらい》の御《おん》こころによしとおぼしめすほどにしりとおしたらばこそ、よきをしりたるにてもあらめ、如来《にょらい》のあしとおぼしめすほどにしりとおしたらばこそ、あしさをしりたるにてもあらめど、煩悩具足《ぼんのうぐそく》の凡夫《ぼんぶ》、火宅無常《かたくむじょう》の世界は、よろずのこと、みなもって、そらごとたわごと、まことあることなきに、ただ念仏のみぞまことにておわします

ここには、念仏が「まこと」、すなわち如来の真実功徳を衆生に現行せしめ、また自証せしめる法であることがはっきりと語られています。実はここに念仏が単なる行にとどまらず、「浄土真実の行」であり、やがて「大行」であるとされる根拠が語られていると思います。このことを明確に、そして極めて自覚的に捉え表明したのが、

(この行は)極速《ごくそく》円満す、真如《しんによ》一実の功徳宝海なり。

という記述です。

無上涅槃の世界を開示

ここに述べられていることが、実は親鸞教学の最も大切な知見であり、大乗仏教の最も根本的な知見であり、親鸞が、本願の名号に帰するところに成就す

る仏道である浄土真宗を〝誓願一仏乗〟とあえて積極的に性格づける根拠でもあるのです。一体この真如一実というのは、親鸞の用語例で言えば無上涅槃を表す言葉なのです。親鸞が非常に大切にした真実ということは、この真如一実を意味しているのだということをまず注意しておきましょう。無上涅槃と言えば如来の智慧の世界です。それは、

如来智慧海《にょらいちえかい》　深広無涯底《じんこうむがいてい》　二乗非所測《にじょうひしょしき》　唯仏独明了《ゆいぶつどくみょうりょう》（如来の智慧《ちえ》海は、深広《じんこう》にして涯底《がいてい》なし。二乗《にじょう》の測《はか》るところにあらず。唯《ただ》仏のみ独《ひと》り明らかに了《さと》りたまえり）

（『大経』）

と言われるように、流転する虚妄の人生を生きる凡夫にとっては、いかなる理解をも超絶した、仏と仏とのみ知るところの法性真如の世界と言うほかはないものです。しかし、帰命尽十方無碍光如来という信、すなわち如来の智慧のはたらきに触れた自覚は、この信心にあの超絶的な無上涅槃の世界が開示される

ことにうなずくという、驚くべき出来事なのです。果たして世親は「かの世界の相を観ずるに、三界の道に勝過せり。究竟して虚空のごとく、広大にして辺際なし」と表白しましたが、この如来の智慧海である無上涅槃の世界が開示された自覚は、そこに衆生の虚妄性を転じ、無明の闇を破る大いなるはたらきが現にはたらいて、われわれの生き様の全体が底知れぬ虚偽の中にあることを初めて自覚させ、懺悔させ、光の中に生きる新しい〝いのち〟に目覚ませつつ、無碍道に立たせてくれることを、確かに自証しているのです。この自証においてうなずかれる大いなるはたらき、それをこそ「真如一実の功徳」と讃嘆するのです。

尽十方《じんじっぽう》の無碍《むげ》光は
無明《むみょう》のやみをてらしつつ
一念歓喜《かんぎ》するひとを
かならず滅度《めつど》にいたらしむ

無碍光《むげ》の利益《りやく》より
威徳《いとく》広大の信をえて
かならず煩悩《ぼんのう》のこおりとけ
すなわち菩提《ぼだい》のみずとなる

罪障《ざいしょう》功徳の体《たい》となる
こおりとみずのごとくにて
こおりおおきにみずおおし
さわりおおきに徳おおし

名号《みょうごう》不思議の海水《かいしい》は
逆謗《ぎゃくほう》の屍骸《しがい》もとどまらず
衆悪《しゅあく》の万川帰《ばんせんき》しぬれば
功徳のうしおに一味《いちみ》なり

尽十方無碍光《じんじつぽうむげこう》の
大悲大願《だいがん》の海水《かいしい》に
煩悩《ぼんのう》の衆流帰《しゆりゆうき》しぬれば
智慧《ちえ》のうしおに一味《いちみ》なり

(『高僧和讃』)

「真如一実の功徳宝海」というのは、この和讃で非常によく分かるように表されている〝海〟のすぐれたはたらきで、あの真如一実の功徳を譬えているのだと思います。その海にも譬えられるような真如一実の功徳、すなわち無上涅槃のはたらきが、本願に帰して称名念仏する時に、その端的に溢れるほどにはたらく。それは先ほど述べたような〝虚妄の生〟を生きる者に、そのことを自分の罪障として深く懺悔させつつ、その流転する虚妄の生を転じて一無碍道、すなわち必ず〝無上大涅槃にいたる〟道に立たせることにほかならないでしょう。取りも直さずそれは、現生正定聚《げんしようしようじようじゆ》です。〝行〟のはたらきを、これほど確かに実現する道がほかに一体あるでしょうか。だからこそ親鸞は「極速円満す、真如一実の功徳宝海なり」と大胆に言い切り、ここに称名が大行である理由をはっきりと自証し表明したのです。

不虚作住持功徳の自証

もう一歩進んで尋ねてみましょう。この本願との値遇ということについて、親鸞はそこに自身の仏教理解の全てを支えるような、非常に大切な知見をもっていました。それは一言でいえば、如来の不虚作住持功徳《ふこさじゅうじくどく》の自証です。この功徳について世親は次のように語ります。

仏《ぶつ》の本願力《ほんがんりき》を観ずるに、遇《もうお》うて空《むな》しく過ぐる者なし、能《よ》く速やかに功徳《くどく》の大宝海を満足せしむ。（『浄土論』）

これをほとんど直訳して、親鸞は次のように和讃しています。

本願力《りき》にあいぬれば
むなしくすぐるひとぞなき
功徳の宝海《ほうかい》みちみちて
煩悩《ぼんのう》の濁水《じょくしい》へだてなし

（『高僧和讃』）

この不虚作住持功徳について、親鸞がどのような了解をもったのかを尋ねてみましょう。

「観仏本願力《かんぶつほんがんりき》　遇無空過者《ぐむくかしゃ》」というは、如来の本願力をみそなわすに、願力を信ずるひとはむなしく、ここにとどまらずとなり。「能令速満足《のうりょうそくまんぞく》　功《く》徳大宝海《どくだいほうかい》」というは、（中略）よく本願力を信楽《しんぎょう》する人は、すみやかにとく功徳《くどく》の大宝海を信ずる人の、そのみに満足せしむるなり。如来の功徳のきわなくひろくおおきに、へだてなきことを大海のみずのへだてなくみちみてるがごとしと、たとえたてまつるなり。

（『尊号真像銘文』）

『浄土論《じょうどろん》』に曰《のたま》わく、「観仏本願力《かんぶつほんがんりき》　遇無空過者《ぐむくかしゃ》　能令速満足《のうりょうそくまんぞく》　功徳大宝海《くどくだいほうかい》」とのたまえり。（中略）「観《かん》」は、願力《がんりき》をこころにうかべみるともうす、またしるということころなり。「遇」は、もうあうという。もうあうともうすは、本願力《りき》を信ずるなり。（中略）むなしくすぐるひとなしというは、信心あらんひと、むなしく生死《しょうじ》にとどまることなしとなり。（中略）「功徳《くどく》」ともうすは、名号《みょうごう》なり。「大宝海《だいほうかい》」は、よろずの善根功徳《ぜんごんくどく》みちきわまるを、海《かい》にたとえたまう。この功徳《くどく》をよく信ずるひとのこころのうちに、すみやかに、とくみちたりぬとしらしめんとなり。しかれば、金剛心《こんごうしん》のひとは、しらず、もとめざるに、功徳の大宝《だいほう》、そのみにみちみつがゆえに、大宝海《だいほうかい》とたとえたるなり。

（『一念多念文意』）

実に力強い確信と高い知見とがしっかりと書きつけられているのが感じられます。この文によって尋ねれば、親鸞は本願との値遇という、あの仏者親鸞の立脚地であった体験の中で自証したものを、どのように自覚していたのかということが実によく分かります。一言でいえば、如来の不虚作住持功徳の自覚・自証そのものだったのです。むしろ、世親の『願生偈』をよく読んだ時、親鸞は真実教との値遇、すなわち本願力に帰したあの大きな感動の中で感じていたものを、はっきりと自覚することができたのだと言った方が、事実に近いと思います。この自覚に立って親鸞は、「無碍光如来の名を称す」というところに実現するものを、「極速円満す、真如一実の功徳宝海なり」とはっきり自覚することができたに違いありません。そしてこの自覚的事実を根拠として、称名をもってあえて「大行」と意味づけ高らかに顕揚したのです。

六　大悲の願

念仏する者になる

しかるにこの行《ぎょう》は、大悲《だいひ》の願《がん》より出《い》でたり。すなわちこれ諸仏称揚《しょうよう》の願《がん》と名づけ、また諸仏称名《しょうみょう》の願と名づく、また諸仏咨嗟《ししゃ》の願と名づく。また往相回向《おうそうえこう》の願と名づくべし、また選択称名《せんじゃくしょうみょう》の願と名づくべきなり。

諸仏称名《しょうみょう》の願《がん》、

『大経《だいきょう》』に言《のたま》わく、設《たと》い我《われ》仏を得たらんに、十方世界の無量の諸仏、ことごとく咨嗟《ししゃ》して我が名を称せずは、正覚《しょうがく》を取らじ、と。已上

また言《のたま》わく、我《われ》仏道を成るに至りて名声《みょうしょう》十方に超《こ》えん。究竟《くきょう》して聞こゆるところなくは、誓《ちか》う、正覚《しょうがく》を成らじ、と。衆のために宝蔵を開きて広く功徳の宝《ほう》を施《せ》せん。常に大衆《だいしゅう》の中にして説法師子吼《ししく》せん、と。抄要

願《がん》成就の文《もん》、『経《きょう》』に言《のたま》わく、十方恒沙《ごうじゃ》の諸仏如来、みな共に無量寿仏《むりょうじゅぶつ》の威神功徳不可思議《いじんくどくふかしぎ》なるを讃嘆したまう。已上

（「行巻」）

この「行巻」の語るところを尋ねてみると、「称無碍光如来名」、すなわち称名念仏するという意味深い行為はどうして生まれたのか、念仏するという行為がどうして人間にできるのか。それは「大悲の願」から出てくるのだ。人間が念仏する者になっていくその一番根本のところにあるものは、大悲の願である。こう語っているのです。原文では「出於大悲願」と記されています。南無阿弥陀仏と称名する行為は、大悲の本願を根拠とし、大悲の願に於いてある行為であると語っています。

大悲の願

ここに語られている「大悲の願」とは一体何でしょうか。本願はもちろん如

来大悲の心です。本願を主題として説く経典である『大無量寿経』によりますと、四十八の本願が説かれています。その昔蓮如上人の頃、越中《えっちゅう》五箇山《ごかやま》に赤尾の道宗《どうしゅう》という人がいました。この人は蓮如の教化によって、見事な念仏者となったあの辺りの有力な指導者でした。一年に一度は京都の本山にお参りするのをたしなみとしていた人でした。ところがこの人は、夜寝る時、布団の代わりに四十八本の割木を並べ、その上に寝ていたというのです。痛くて、とても眠れはしませんでしょう。その痛みを通して本願のかたじけなさ、ご恩を忘れてはならぬと、肝に銘じて本願の恩徳を思ったと伝えられる人です。凄まじいほどの気魄をもつ念仏者だと感嘆するほかはありません。

　親鸞は四十八願の中で、殊に八つの本願を大切に仰いでいます。四十八願が全て同じように大切だというのではなく、八つほどの本願を選び出し、この八願に如来の本願の大切な意味を特別に見出したのです。四十八願を第十八願、すなわち念仏往生の願一つに絞って受けとめた法然の本願理解、普通〝一願建立〟と呼ぶそれと区別して、この八つの本願を〝真仮八願〟と呼び、親鸞独自の本願理解を表す名目としています。その八願とは、第十一・必至滅度の願、第十二・光明無量の願、第十三・寿命無量の願、第十七・諸仏称名の願、第十八・至心信楽の願、及び第二十二・還相回向の願、これが〝真実六願〟です。そして第十九・至心発願の願、第二十・至心回向の願、これが〝方便二願〟です。この八つの本願の中で、第十二・光明無量の願、すなわち如来はその光明の無量であることを誓う願、そして第十三・寿命無量の願、すなわち如来の寿命の無量であることを誓う本願、さらに第十七・諸仏称名の願、すなわち十方の諸仏が阿弥陀如来の名を称讃することを誓う本願、この三つの本願を親鸞は特に〝大悲の願〟と呼ぶのです。

今、親鸞が「この行は、大悲の願より出でたり」と言った、称名念仏の根拠であるものを「大悲の願」と語っているのは、この諸仏称名の願、すなわち第十七願を指しているのです。その内容は、

設《たと》い我《われ》仏を得たらんに、十方世界の無量の諸仏、ことごとく咨嗟《ししゃ》して我が

名を称せずは、正覚《しょうがく》を取らじ
（「行巻」）

このような言葉で表される、如来の誓いです。要するに数限りない仏たちが、みな共に阿弥陀如来の名を称え、如来の威神功徳を讃嘆することを誓うている本願です。「咨嗟」というのは、讃嘆するということです。そして、十方の無量の諸仏の称名と讃嘆とを誓う、この本願の意味をうなずくために非常に大切なものが「願成就の文」です。

十方恒沙《ごうじゃ》の諸仏如来、みな共に無量寿仏《むりょうじゅぶつ》の威神功徳不可思議《いじんくどくふかしぎ》なるを讃嘆したまう。
（「行巻」）

如来の本願は、いわゆる大悲の願心という如来の心としてあるだけでなく、この世の事実となって実現しているのだ。それが本願の成就ということです。この世の事実にまで如来の本願はなっている。だからこそ、人間が体験することができるのではないでしょうか。今の場合、諸仏称名の願の成就とはいかなる事実でしょうか。それこそ、十方恒沙の諸仏如来が、みな共に無量寿仏の威神功徳の不可思議であることを讃嘆しているという感動をもってしか見ることのできない事実である。この事実こそが、「大悲の願」である諸仏称名の願がこの世の事実になっている証拠なのだ。このように親鸞は、諸仏称名の願成就の教説を解釈したのです。そして、至心信楽の願成就の文は、さらに大切なことを続けて語っています。

諸有衆生《あらゆるしゅじょう》、その名号を聞きて、信心歓喜《かんぎ》せんこと、乃至《ないし》一念せん。至心に回向せしめたまえり。（「信巻」）

この願成就の文が語り告げていることは、まず、無数の仏達が、無量寿仏の大いなる功徳をほめ讃えているということです。この讃嘆の言葉に遇い、讃嘆される阿弥陀の名を聞いて、あらゆる衆生はそこに大きな喜びに満ちた一念の浄信を得るのだ、ということです。そしてこの浄信、歓喜に満ちた信心を、今は目覚めと了解しておきましょう。喜びと共なる目覚め。少し改まって言えば、根源的覚醒。その覚醒が無限の喜びを伴っているのです。初めて大きな真実に目が覚めた。初めて底知れぬ無明の闇が破られた。その根源的な目覚めのところに、同時に無限の喜びが共に起こっているのです。その喜びと共なる目覚めに、如来の功徳は溢れるように現前している。こういう非常に意味深い出来事を、願成就の教説は語り続けています。

七　帰命と願生

善導の六字釈

称名において称えられる如来の名、すなわち南無阿弥陀仏という名号は、決して無意味な言葉、またはマジカルな言葉、いわゆる呪文ではありません。これは深い宗教的な自覚、すなわち信心を託した言葉です。それは如来大悲の恩徳を深く知って、それを讃嘆する心でもあります。と同時に、大きな〝真実〟に目覚めた心でもあります。それでは一体、どのような自覚が託されているのだろうか。この探求が、浄土教の教学の歴史から言いますと、名号の解釈という仕事としてなされてきたのです。

その代表的なものが、中国の善導のいわゆる「六字釈」です。これは浄土教の歴史においては一つの金字塔とも言うべき、実に見事な思想的事業です。この六字釈は非常に簡潔な解釈です。

「南無《なむ》」と言うは、すなわちこれ帰命《きみょう》なり、
またこれ発願回向《ほつがんえこう》の義なり。
「阿弥陀仏《あみだぶつ》」と言うは、すなわちこれ、その行《ぎょう》なり。
この義をもってのゆえに、必ず往生《おうじょう》を得《う》

（「行巻」）

これだけです。しかし、実に見事な解釈です。ちょうど数学の公式のようなもので、必要にして十分な解釈が述べられて、不必要な言葉は全然ありません。

　南無阿弥陀仏という名号は、一応「南無」と「阿弥陀仏」の二つに分けて了解することができます。阿弥陀仏に南無する、と言うのですから。この南無というのはインドの言葉であり、翻訳すると帰命と言う。この言葉の意味するところの要点は、帰するをもってわが命とする、ということにほかなりません。ですから、阿弥陀仏、すなわち光限りなく寿命《いのち》量りない如来に帰するをもって、わが命とする、こういう意味を表しています。南無を帰命と訳したのは、実に見事だと言わねばなりません。仏を深く信ずる心を起こした時、そこに不思議にもわが命が本当に帰るべきところに帰ったという、大きな安らぎがあります。わが命が帰るべきところが、阿弥陀仏として開かれ、頂かれたのです。長い流転の放浪の中で探し求めていた安らぎの世界に、今やっと帰ることができた。こういう安堵の思いと共に、人は如来を信じていくのです。

　帰るべきところ、安らぎのあるところとは、つまり故郷でしょう。信じた如来にわれらの命の帰るべき故郷が与えられたのです。そこに改めて、如来に浄土という意味が見出されてきます。流転する衆生の帰るべき故郷である浄土に、如来は光寿二無量である如来自身をもってなろうとする。それが如来の恩徳です。こうして、善導は深い感慨をこめてこう語ります。

帰去来《いざいなん》、他郷《たきよう》には停《とど》まるべからず。仏に従いて、本家に帰せよ。

（「化身土巻」）

いかにもよく、善導の信心の世界を表した言葉であると感ぜられます。「本家」が故郷という意味であることは言うまでもありません。

「南無というは、すなわちこれ帰命なり」という善導の名号解釈について、われわれは、以上尋ねたように、如来を信ずるところにわが命があるということであると了解し、さらにそこに、わが命の帰るべきところ、すなわち魂の故郷である浄土が初めて与えられたのだという感動が託されていることを知りました。だからこそ、浄土に帰るべくわが命の全てを、その方向に集中するということが起こってくるでしょう。それを善導は「発願回向の義」という言葉で語るのです。

「発願」とは願をおこすということです。この「願」というのは、浄土に生《あ》りたいという往生浄土の願いです。「回向」というのは、一つの確かな方向を見出して、その方向に自分の生き様、自分の努力の全てを集中するというように、ここでは了解をしてみたいのです。ですから「またこれ発願回向の義なり」と善導が「帰命」を解釈したその意味は、阿弥陀仏に帰命するという深い信仰的自覚に、阿弥陀仏の安楽浄土をわが命の帰るべき故郷として見出し、その浄土に生まれていきたいとの願いを発《おこ》し、その願いの方向にわが生《いのち》の営みの全てを集中するという大切な意味があるのだということです。

帰命において自覚的となる願生

この善導の了解によりますと、如来に帰することと浄土に生《あ》りたいと願うことは、二つであって実は一つだということです。いわゆる「帰命と願生」、この二つが南無阿弥陀仏と念仏する自覚、すなわち本願の信の内容であるということです。このことに思い到ると、私はどうしても親鸞が本願の名号の意味を、「浄土真実の行」として開顕した、あの了解を再び想起するのです。それは浄土として如来の真実功徳の世界を開示する行と解されるのですが、本願の名号は衆生の信心、すなわち帰命の心の所依そのものです。ですから、帰命尽十方無碍光如来と本願の名号に帰し、如来をそこに自証した心は、同時にまさにその本願の名号のはたらきによって、浄土を開示された心にほかなりません。

もし自分の生活の中に、せきたてられるような慌しさが、落ち着きのなさが、苛立たしさが感じられ、そのことを多少でも痛む心が動くならば、その心は実は〝願生浄土〟という切実な祈りにほかならないのだと了解すべきではないでしょうか。いのちの本当の要求は、実は願生心なのです。その願生心が、いつ自覚的となり、またどのようにして満たされていくのか。それが帰命の時です。如来に帰命することができた時、今更のように願生は、私の生の全体を生かす根源の願いとして自覚的になっていくことであります。この願生の願いの満たされていく道を、善導の六字釈は次のように告げております。

「阿弥陀仏《あみだぶつ》」と言うは、すなわちこれ、その行《ぎょう》なり。この義をもってのゆえに、必ず往生《おうじょう》を得《う》

（「行巻」）

帰命において自覚的となる願生浄土の願いが、南無阿弥陀仏と本願を信じ念仏することによって満たされていく。大要このように善導大師は名号のもつ大切な意味を尋ね当て、開顕せられたのです。いかにもとうなずくほかはない、明確な名号の意味の自覚的解明だと思います。

この義をもってのゆえに、必ず往生《おうじょう》を得《う》（「行巻」）

われらは南無阿弥陀仏に帰して、初めて自覚的に願生心に目覚め、また南無阿弥陀仏と称して、必ずその願生の願いの満たされる道に立つことができるのだ。なぜならば、そこに本願があるから。南無阿弥陀仏と称えることが、如来の本願に順《かな》う姿であるから。大体このように尋ねうなずくことができるのが、善導における名号の解釈、いわゆる六字釈の要点であろうかと思います。

八　本願招喚の勅命

如来に帰する身の不思議と感動

善導の「六字釈」を受けて、親鸞は独自の名号の解釈を行いました。善導の名号解釈に比べると、親鸞のそれは一見非常に複雑で難しいように思えます。しかしそれは全体、念仏者、すなわち本願の名号の行者にして頂いた、そのことの嬉しさよという喜び、そして謝念に満ちた信念の内容を表白したものにほかなりません。それがそのまま名号の解釈になっているのです。


しかれば、「南無」の言《ごん》は帰命《きみよう》なり。

「帰」の言は、至なり。また帰説《きえつ》〔よりたのむなり〕なり、説《せつ》の字、悦《えつ》の音《こえ》、また帰《き》説《さい》〔よりかかるなり〕なり、説《せつ》の字は、税《さい》の音《こえ》、悦税《えつさい》二つの音は告《つ》ぐるなり、述《のぶ》なり、人の意《こころ》を宣述《のぶ》るなり。「命」の言は、業《ごう》なり、招引《まねきひく》なり、使なり、教なり、道なり、信なり、計《はからう》なり、召《めす》なり。

ここをもって、「帰命《きみよう》」は本願招喚《しようかん》の勅命なり。

「発願回向《ほつがんえこう》」と言うは、如来《によらい》すでに発願《ほつがん》して、衆生《しゆじよう》の行《ぎよう》を回施《えせ》したまうの心なり。

「即是其行《そくぜごぎよう》」と言うは、すなわち選択《せんじやく》本願これなり。

「必得往生《ひっとくおうじょう》」と言うは、不退の位に至ることを獲《う》ることを彰《あらわ》すなり。『経』(大経)には「即得《そくとく》」と言えり、『釈』(易行品)には「必定《ひつじょう》」と云《い》えり。「即《そく》」の言《ごん》は、願力《がんりき》を聞くに由《よ》って、報土の真因決定《けつじょう》する時剋《じこく》の極促《ごくそく》を光《こう》闡《せん》せるなり。「必」の言は、審《つばびらか》〔あきらかなり〕なり、然《しからしむる》なり、分極なり、金剛心《こんごうしん》成就の貌《かおばせ》なり。(「行巻」)

これが親鸞の名号解釈の全文です。南無阿弥陀仏、これが浄土真宗という仏道の自覚を表す根本語です。本願の名号を除いて真宗を語っても、それは生きた真宗の表白にならないでしょう。浄土真宗の根本語という大切な意味をもつ名号について、南無とは帰命であると、善導は解釈しておりました。阿弥陀仏に帰するをもって、わが命とする。一筋に阿弥陀如来に帰命し、その心に立って生きていく。そのように尋ねてきました。親鸞は、一応はその通りである、帰命とはわれら衆生が深く如来に帰することであると了解しました。

　そのとき、親鸞には、私という者が如来を信ずることができたということは、よくよく考えてみるとこれは不思議なことではないかという感動が強くあったのだと思います。放っておけば、如来に帰し、如来に依って生きるというような確かな自覚をもつことなどできないであろう。如来を信ずるといっても、大体如来があるのかないのかさえも分からないというのが本当のところでしょう。そのような私が、わが命の全体を生かしてくださる大地である尽十方無碍光如来を信ずることによって、何の不満も不足も怖れもない。こういう本当に意味深い自覚をもつことは、考えてみるとこれは驚くべきことではないか、不思議ではないかという感動があったと思うのです。

　言葉を換えていえば、私のどこを探しても如来を信ずるというような清浄真実の心はありようがない。私にあるのは、どす黒い根性しかなく、煩悩にまみれて生きる底知れぬ自己愛着しかない。それなのに、その自分を無限の光の中に照らし包み、生かしてくださる如来に帰していくことができたのは、いかにも不思議なことである。私が如来を信ずるという清浄の心が、一体どうして私に起こったのであろうか。利益を求めることでもなく、名誉を求めるわけでもなく、一文の得になるわけでもない心だから、我欲の塊のような私のどこを探してても出てくるはずはない。そういう私が、どうして如来に帰命することができたのであろうか。このことを親鸞は繰り返し繰り返し尋ねたに違いありません。親鸞の名号釈は、その推求から生まれた解釈なのです。

虚仮不実の身を凝視する

そのことを尋ねてみれば、その〝縁〟は、何度も尋ね確かめたように、よき人の仰せとの値遇です。この縁を待たなければ、如来に帰命する心は発起しようがなく、その意味で決定的に大切な出来事です。では、信心発起の〝因〟は何であろうか。縁の確かめと共に、因の探求を親鸞は名号の解釈という形をとりながら、力を尽して尋ねていったのです。

一体、法然にしろ親鸞にしろ、深い内省と鋭い自己凝視の眼とをもった人でした。その自己凝視の眼に映っている自己、それは〝煩悩の身〟と表白されていることです。私にあるものは煩悩しかない、という内省でした。ところが煩悩というと、そのもっている問題性を言えば、偽りということではないでしょうか。果たして親鸞は、このように悲歎述懐《ひたんじゅっかい》します。

浄土真宗に帰《き》すれども
　真実の心《しん》はありがたし
　虚仮《こけ》不実のわが身にて
　清浄《しょうじょう》の心《しん》もさらになし
（『正像末和讃』）

非常によく知られている、親鸞の信心の告白です。このような内容で信仰を告白した人は、日本人の中では親鸞以外にそうあるわけではありません。信心というものはどういうものであるかということを、懺悔という形で大変に見事に告白した、歴史的な信仰告白だと思います。私の中にあるものは、虚仮不実、嘘と偽りだけだ。見れば見るだけ、虚仮不実が自分のなかに否定しようもなく見えてくる。いかにも澄んだ眼だと言うほかはありません。

私達の日常の心は、このように自分を見ることはあり得ないでしょう。多少は嘘もあるかも知れんが、誠もあるぞ。多少悪いこともしないではないが、少しはよいこともせぬことはないぞと言って、自分を弁護し庇うのが普通でしょう。ところが浄土真宗に帰した親鸞の信心の眼は、見れば見るだけ見えてくる、虚仮不実のわが身の姿を凝視したのです。よほど澄んだ眼と言わなければならないのではないでしょうか。

この〝澄んだ〟というのが、仏教の信心の特質です。信心は、しばしば理解されているような、何かを信じ込むということではなくて、澄んだ心を言うのです。澄んだ心である信心には、ちょうどどんな泥水でも澄めば物が映ってくるように、物のありのままの姿が映ってくるのです。その澄んだ心に映ってくる自分の姿を、親鸞は虚仮不実と述懐しているに違いありません。ですから、この和讃が述懐していること全体が信心の表白です。清浄にして真実なるもの、本当にあってほしいものは、この心です。嘘、偽りもあるけれども真実だってある。多少は誠実ということがないではない。自分の都合や幸福ばかりを求めているけれども、多少人様のことも考えないわけではない。こう言いたいのだけれども、見れば見るだけ、あって欲しいと願う真実の心、清浄の心はかけらもない。あってはならないと思う虚仮不実が見えてくるばかりだ。こういうふうに自分を見る眼こそが、澄んだ眼、すなわち信心です。

そうすると、私の中に真実の心もあり、清浄の心だってあるぞと言いたい自己固執の心を破って、見れば見るだけ自分の中にはあってはならぬ虚仮不実、穢悪汚染のどす黒い心ばかりがあることかと自己の実相を見る眼、すなわち澄んだ眼は、私の中から出てきたものと言うわけにはいかないでしょう。炭はどんなに磨いても、鏡となることはないのですから。その澄んだ眼は一体どこからきたのか。このように問い直してみてもよいと思います。この問いを実は法然が早くから問い、そして、親鸞もまた問うているのです。

如来よりたまわりたる信心

法然は『歎異抄』が伝えていますように、「如来よりたまわりたる信心」という非常に大切な信仰理解をはっきりと語っています。今尋ねてきた〝澄んだ眼〟を、法然は〝如来より賜わった心〟として捉え、うなずいていました。自分を虚仮不実の身とはっきりと見たのは、私が目を醒まして見たというよりももっと深い意味で、如来から頂いた心が見たのだ。如来から賜わった信心が、今更のように見た、これが自分の姿であったのかと。このような自覚を託して、法然は「如来よりたまわりたる信心」と語ったに違いありません。非常に見事な信仰の理解ではないでしょうか。日本人の宗教心を考える時に、これは特筆大書すべき大切な仕事なのです。「如来よりたまわりたる信心」、これだけの言葉で語られたその自覚は、自分を無条件に真実の前に投げ出すというような、いかにも澄んだ自覚です。

宗教という言葉で捉えられているものを考えてみるとすぐ分かると思います

が、宗教心というと、それは信仰によって何かご利益を得てやろうというような、さもしい魂胆に立ったものがほとんどでしょう。そういう宗教心と截然《せつぜん》と区別して、親鸞の「悲歎述懐」の和讃がいみじくも表白しているように、自分の中に真実清浄の心はひとかけらもなく、あるのはただ虚仮不実の身のみ、こういう懺悔する心がはっきりと自覚され浮き彫りにされ、保持されているのです。そういう信心の眼は一体どこからきたのであろうか。この信心の源泉を尋ね尋ねて、「如来よりたまわりたる信心」と、法然が了解したのです。これはまた、自分の中にこのような信心の根拠はないのだという自覚に立って、「無根の信」という言葉でも語られてきた信仰理解です。信心の根は、私の中にはない。私の中にどう考えても根のない清浄の心が、それにもかかわらず今現に私の上に起こった。〝賜わったもの〟としか、うなずきようがないではないか。このような信仰の理解が、親鸞に先立って、早く法然によって述べられているわけです。

如来が招喚する声

こういう信仰理解を踏まえて、「帰命は本願招喚の勅命なり」という、あのいかにも創造的な名号の解釈がうち立てられたのだと私は了解します。親鸞の名号解釈は、全体が非常に独自の、仏教の自覚道の積極性をいかにも見事に浮き彫りにしたものです。そして、この帰命の解釈のところに一番大切な内容があると言ってよいと思うのです。帰命、如来に帰するをもってわが命となす。純潔に如来を信ず、深く如来を信ず、こういう自覚を表す言葉ですが、親鸞は意味を逆転して、実は如来が私を招喚する声なのだとうなずいたのです。

招というのは字の如く、招く、浄土へ招くということです。ですから、招喚とは、浄土へ帰れと喚んでいるということです。浄土とは本家、すなわち故郷という意味をもつ世界ですから、そこに切々と響くものがあるのです。お前はどこに生きているのだ。よく見なさい。流転の世界ではないのか。旅から旅へ、あてどもなくさ迷うような、そういう生き方をしている境界ではないのか。不安はないのか。お前の人生に本当の安らぎがあるのか。朝起きてから夜寝るまで、癒されることのない焦燥感にせめられて慌しく生き、安らぎを求めつつも安らぎがないのではないか。どこへともなく、ただ生きている。そんな空しく惨めな生き方をお前はしているのではないか。そのことに目覚めよ。自己が一人の迷悶者《めいもんしゃ》であることを覚知せよ。流転の夢を醒ませ。浄土へ帰れ。こう喚びかけ招いて止まない声だと、親鸞は〝帰命〟の深い意味を尋ね当てたのです。

人生がどれほど無常であり、不安であり、頼りなく、汚れに汚れていることか。だからこそ、確かなものを求め、如来を見出し、如来に帰していきます。だが、こうして如来に帰することができるのは、実はそれに先立って大悲が私を見出し、安らぎのある世界に目覚めよ、浄土に帰れと、私を喚んでいるからこそではないか。それを、親鸞は「帰命は本願招喚の勅命なり」と言い表したのであり、親鸞の名号解釈の要点はここにあるのです。

九　本願の行

既にこの道あり

善導は「南無」について、先に尋ねたように「発願回向の義」とさらに釈しました。われわれが深く如来に帰命するということは、同時にそこに、帰るべき故郷として如来の浄土を見出し、その浄土に生《あ》りたいという願いを起こし、その願いの方向に生の営みの全てを振り向けていく。こういう意味があると解釈したことでした。その「発願回向」という言葉をうけて、親鸞は、

「発願回向《ほつがんえこう》」と言うは、如来《にょらい》すでに発願《ほつがん》して、衆生《しゅじょう》の行《ぎょう》を回施《えせ》したまうの心なり。（「行巻」）

という、これまた極めて独自の了解をうち立てたのでした。浄土こそがわが生

の故郷、帰るべき故郷と知って、その浄土に生まれていきたいという願いを託して、善導は発願と言ったのですが、親鸞は前の帰命の解釈と同じように、これを逆に了解したのです。われわれが浄土に生まれたいという願を発すに先立って、如来が既に本願を発して、われらが浄土へ生まれていく行を与えてくれているのだ。如来が南無阿弥陀仏と如来の名を称えることをもって浄土に帰る道とし、それを衆生に与えようと発願してくれているからこそ、われわれは念仏して浄土に帰る道に立つこととなるのだ、と。非常によく分かる、念仏の意味の解釈ではないでしょうか。

このことを先に確かめた、本願の名号のはたらきについての了解に立って尋ね直すと、浄土を失って流転し続ける衆生に、真実の浄土を開示し、浄土へ帰る道を与えてくださったのだと、うなずくことができます。善導のあの「二河白道の譬え」の中に「既にこの道あり。必ず度すべし」という言葉がありす。この〝必ず度すべき〟道、すなわち必ず浄土へ帰ることのできる道として、本願の名号が既に回施されているのです。本願の名号というのは、一つの譬えで言えば、如来のいのちがそこに表現されていると言えます。その如来のいのちを表す名号をもって衆生の行とするということは、如来が自分のいのちを投げ出して、衆生が浄土へ帰る道となってくださったということではないでしょうか。本願の名号が「浄土真実の行」であるというのは、われら煩悩にまみれて生きるものは、その泥足で如来のいのちを踏んで、浄土へ帰るのだということではありませんか。「既にこの道あり」という白道を、善導が解釈して、

衆生貪瞋煩悩中、能生清浄願往生心（衆生《しゅじょう》の貪瞋煩悩《とんじんぼんのう》の中に、よく清浄願往生《しょうじょうがんおうじょう》の心を生ぜしむる）（『観経疏』）

というのも、全く同じ趣きが感じられてきます。誰か謝念なくして、このことをうなずくことができましょうか。

さらに善導は「阿弥陀仏と言うは、すなわちこれ、その行なり」と言い、南無阿弥陀仏と称名念仏することによって、浄土に生まれていきたいという願い

が一念一念に満たされていくのだ、と解釈していました。その「すなわちこれ、その行なり」を受け継ぎつつ、親鸞はこれを次のように解釈していきました。

「即是其行《そくぜごぎょう》」と言うは、すなわち選択《せんじゃく》本願これなり。（「行巻」）

言葉が激しい勢いをもって、叩きつけるように語られています。親鸞の名号解釈は極めて独自の了解ですから、一読してすんなりと了解できるという訳にはいかないかも知れません。けれども繰り返し読んでおりますと、独特の響きが伝わってきて、何となくうなずけてくるように思われます。親鸞が語ろうとしていることは、南無阿弥陀仏が往生浄土の願いを満たす行であり、それは取りも直さず、大悲の願心である本願そのものが現にはたらいているすがたである、ということではないでしょうか。南無阿弥陀仏に、如来の真実功徳が生き生きと回施されて、流転する衆生の生は転ぜられて、往生浄土する生が実現するのだと、うなずいていくべきではないでしょうか。本願は本願としてあるのではなく、南無阿弥陀仏として今現にはたらいている。だから「行巻」の標挙に「選択本願の行」と言う通り、本願の名号は、選択本願の現行《げんぎょう》と言うことができるのです。

一〇　金剛心の成就

念仏の利益

善導は「阿弥陀仏というは、すなわちこれ、その行なり」に続いて、

この義をもってのゆえに、必ず往生《おうじょう》を得《う》　（「行巻」）

と述べました。この解釈を受けて親鸞は、次のように了解し、名号釈を結びます。

「必得往生《ひっとくおうじょう》」と言うは、不退の位に至ることを獲《う》ることを彰《あらわ》すなり。『経』（大経）には「即得《そくとく》」と言えり、『釈』（易行品）には「必定《ひつじょう》」と云《い》えり。「即《そく》」の言《ごん》は、願力《がんりき》を聞くに由《よ》って、報土の真因決定《けつじょう》する時剋《じこく》の極促《ごくそく》を光《こう》闡《せん》せるなり。「必」の言は、審《つばびらか》〔あきらかなり〕なり、然《しからしむる》なり、分極なり、金剛心《こんごうしん》成就の貌《かおばせ》なり。（「行巻」）

ここらが親鸞の仏教理解の一番積極的な内実であり、実に見事な了解です。これに依りながら、念仏が衆生にもたらす利益について基本的な事柄一、二をあげて尋ねていきたいと思います。

金剛心の行人

第一は、ここに「金剛心成就の貌」という言葉がありますが、その〝金剛心成就〟という事柄をあげてみたいのです。第二は、同じくここに「不退の位に至ることを獲ることを彰す」とありますが、その〝不退の位に立つ〟ということをあげてみたいのです。

第一の「金剛心の成就」について、親鸞は和讃で次のように語ります。

金剛堅固《こんごうけんご》の信心の
　さだまるときをまちえてぞ
弥陀《みだ》の心光摂護《しんこうしょうご》して
ながく生死《しょうじ》をへだてける
（『高僧和讃』）

金剛のように堅固な信心。金剛というのはダイヤモンドです。ダイヤモンドのように堅固な信心、人間のどんな濁った心・煩悩にも傷つけられたり侵されたりすることのない、しかも透明な信心、こう言っております。さらにダイヤモンドですから、高貴なもの、尊貴なものという意味も託されているのでしょう。さもしくない、卑俗でない、それを金剛という譬えで表していると思います。自分の根性を省みると、ずいぶんさもしいものがあるなと思いますが、だからこそ仏教が早くから〝尊貴〟ということを大切にしていることがとてもよく分かります。金剛にも譬えられる、南無阿弥陀仏と念仏して如来大悲のご恩を憶う、堅固でそして尊貴な心が、私の上に信念として確立した時にこそ、如来の大悲の光がわれらを照らし護り、流転する無明の闇を破って、生死の迷いを超える道に立つこととなるのだ。和讃は、ほぼこういうことを語り告げているように思われます。

仏教の一番根本になっているものが〝出離生死の願い〟であることは、よくご存知のことでしょう。さまざまの人生問題に突き当たって苦悩する私の人生の全体が、底知れない虚偽と空虚さと暗さの中に投げ出され漂っている。この出離生死とは、そのことに気づきそれを痛んで、このような人生の惨めさを突破しようとする魂の要求です、その出離生死の道を、金剛堅固の信心が確かに自証する如来の智慧の光によって、確かに頂くのだ。こういう金剛心を獲た人を、親鸞は今尋ねている名号釈の中で「金剛心の行人」と言っているのです。

卑湿の淤泥に咲く蓮華

尊貴の反対は、今も言ったように卑俗でしょう。こういう言葉に接しますと、私はいつも、お前の根性は一体どちらなのだと厳しく問われているように感ぜられてなりません。少しく真面目に考えてみれば、いかにも不本意でありて残念であるけれども、この卑俗の根性にまみれて生きていることに思い到らざるを得ないのです。卑俗とは、少し言葉を換えて言えば卑湿でしょう。「卑湿《ひしつ》の淤泥《おでい》」という聖典の言葉がありますが、卑怯で陰湿、こういう厳しい言葉でわれわれ凡夫の根性を見据えております。その「卑湿の淤泥」に信心の白蓮華は生ずるのだぞ、「高原の陸地」に白蓮華は咲くのではないのだぞ、と。ですから自分の人生が「卑湿の淤泥」の中にあると気づいた者、気づいてそれを痛んだ者には、尊貴なもの、明朗なもの、堅固なものがどんなに大切なものであり、どんなに獲得したいものであるか、もう本能的に分かるのでしょう。だから親鸞が「金剛堅固の信心」と語った時には、われわれの根性がどんなに卑湿であるか、これを痛みこれに泣いた心があるかということを、実は告白しているのではないでしょうか。その身が「金剛堅固の信心」を頂くことができた時、私の卑湿さを破る如来の智慧の光を知り、如来大悲の中に生きるわが身を見出すのです。

「金剛堅固の信心のさだまる」と言い、「金剛心の行人」と語った親鸞の自覚をもう一度尋ねてみますと、〝人生に勝った〟、こういう感動に満ちた信念を念仏において賜わったという謝念がそこにあることが、改めて思われてくることです。人生に勝った、人間の惨さにうち勝った、こういう確信というか、堂々たる〝自信〟がそこに溢れていることが、改めて思われてくるのです。放っておけば、人間は限りない卑湿さと暗さの中でうごめき、流転するほかはない。それを破る智慧の光に目覚めて、人生の惨めさに勝った。こういう大きな感動と信念を、念仏はそれに帰した人間に必ずもたらしてくれるのだ。そこに仏道の功徳が輝いている。親鸞は大きな感謝をこめて、このことを確かに見定め、そして表白しているに違いありません。

一一　現生十種の益

無碍の一道に立つ

金剛心の成就したものに恵まれる利益を親鸞は「現生十種の益」として「信巻」に語ります。

金剛《こんごう》の真心を獲得《ぎやくとく》すれば、横《おう》に五趣《ごしゅ》・八難の道を超《こ》え、必ず現生《げんしょう》に十種の益《やく》を獲《う》。

何者か十とする。

一つには冥衆護持《みようしゅごじ》の益《やく》、

二つには至徳具足の益、

三つには転悪成善の益、

四つには諸仏護念の益、

五つには諸仏称讃《しょぶつしょうさん》の益、

六つには心光常護の益、

七つには心多歓喜《しんたかんぎ》の益、

八つには知恩報徳の益、

九つには常行大悲の益、

十には正定聚《しょうじょうじゅ》に入る益なり。

字を見ただけで、何を言おうとしているかが大体分かります。ここでも金剛の真心のことを色んな言葉で語っています。ここで注意したいのは、「金剛の真心を獲得すれば」という言い方です。

金剛の真心、如来を信ずる心、本願に帰した心。法然は「如来よりたまわりたる信心」と言いました。親鸞はそういう言い方を受け継ぎつつも、同時に「獲得する」と言います。「獲得する」とは、戦い取るということです。確かに〝いただく〟という言い方をしてもよい。けれども同時に〝戦い取ったのだ〟と言ってもよい。何が戦い取ったかというと、求道が、聞法が戦い取ったのだ。こういうことになるのではないでしょうか。賜わった信心という言い方は大変適切ですが、いただいたとか与えられたと言うと、苦労をせずに貰うというような安易な誤解がともすると入ってきやすいのです。しかし、そうではなく、いただいた信心は、聞法の苦労が戦い取った信心にほかならない、というのが親鸞の実感です。ですから、「獲得する」という言い方によって、その実感を表したのではないでしょうか。力を尽して、一所懸命聞法しない人が、どうして如来を信じられるか。ちょっと考えても、その通りだという外はありません。仏様を信じてみようかとか、コロッと死ねるように拝んでみるとか、そんなものは親鸞の信心には何の関係もありません。生身をもって生きていることの全部を光の中にいただく。こういう大きな目覚めを、聞法して戦い取るのだ。人間を救うのは如来だけれども、如来を知るのは聞法だけだ。求道なくして、人間が助かることはあり得ない。助かりたいと思えば、力を尽して法を聞け。そういう親鸞自身の大切にしている経験がここに光っているように思われます。

「五趣・八難の道を超え」、これは迷いの人生を超えるということです。親鸞の信仰理解の特徴は、念仏とか信心に目覚めたら、必ず利益があるということです。親鸞だけではなく、もともと仏教がそうなのではないでしょうか。利益のない、功徳のない信仰や念仏は考えているだけであって、仏法には必ず利益があります。ただし、利益の内容、質が問題で、親鸞の場合、〝無碍の一道に立つ〟という利益を賜わるのです。それは一番大きい利益で、ここで十種ほど挙げています。

この内容をみると、完全に大乗仏教です。例えば九番目の「常行大悲の益」。大悲というと如来の慈悲のことを言いますが、普通それはわれわれにとって、いただくものでしょう。如来の慈悲の中に自己を見出し、大悲に救われていくということです。ところが親鸞は、それを踏まえて更に〝常に大悲を行ずる〟、すなわち大悲を生きていくのだと言います。ここら辺が、大乗仏教の積極性を親鸞がよく実現しているところではないでしょうか。仏様の大悲に助けられた者は、われらを救う大悲を背負い、人生の現実の中に出ていくのだ。こういう積極性を十分に注意しておきたいと思います。これが「正定聚に入る」という、本願の信が実現する人生の内容となるわけです。そういうことの基礎には、「知恩報徳の益」があります。如来大悲のご恩を知ったからこそ、ご恩に応えないと申し訳ないという、われわれを立ち上がらせる目覚めがあります。助けられてありがたい。これは純な喜びですが、そこで立ち止まらないのだと言っているのです。

冥衆――広島での原爆体験

後は、「冥衆護持の益」。冥衆というのは、眼に見えない神々のことですが、その冥衆が護ってくれる。『歎異抄』の第七章を思い出すとよいと思います。

念仏者は、無碍《むげ》の一道なり。そのいわれいかんとならば、信心の行者には、天神地祇《てんじんじぎ》も敬伏《きょうぶく》し、魔界外道《まかいげどう》も障碍《しょうげ》することなし。

眼に見えない神々に護られているから、改めて拝んだり恐れたりすることは少しも要らない。むしろわれわれが神を恐れたり拝んだりするのではなくて、神様の方がわれわれを護ってくださるのだ。こういう独特の言い方を親鸞はするのです。

その冥衆は、現代の人間の中に生きているのでしょうか。生きていないのでしょうか。宗教とか仏教というと、すぐに幽霊が出るとか、霊魂があるとか、祟りがあるとかなどという言葉が出てきます。しかし、親鸞はそういうことを気にしたり、祀《まつ》らないと祟りがあると思ったり、さまざまな恐れを感じたりする必要はなく、したがって祀り拝んだりすることは全く意味がないぞと言っているのです。「天神地祇も敬伏し、魔界外道も障碍することなし」という自覚の厳しさと積極性をよくとらえておきたいと思います。

実は私には死霊の体験があります。昭和二十年、八月九日の体験です。私は広島に原爆が落とされた時、そこにいた者の一人ですが、六日の朝落とされて、三日間で広島の町が全部燃え尽きました。三晩、夜の広島の空が赤かったですね。三日間で、ほぼ燃え尽きてしまいました。それで市中へ入って一日中ウロウロし、夕暮迫る頃、郊外にあるわれわれの寮に友達と二人で戻っておりました。ちょうど広島駅の辺りまできた時に、少し空が薄暗くなりかけておりました。その時、ふと立ち止まってしまったのです。足が止まって、うしろを振り向いたのです。一緒にいた友達も、同じようにうしろを振り向いているのです。どうしたのだと聞いたら、彼が語ることと、私が感じたこととが全く同じなのです。「こわい」と言うのですね。私もまたこわかったのです。暮れなずんで、少し薄暗くなりかけた広島の空。まだ町は熱い。そして死臭。要するに地獄の臭い。地獄は業火と死臭に満ちた世界、と言いますから。その中で暮れ始めた夏の空に、ちょうど巨大な渦が巻いているような感じがするのです。声にして表せば「ウォー」というような感じですけれども、「ウォー」というような声なき声が鳴り響いて、渦巻いているような感じに襲われたのです。「ウォー」という声らしきものの感じが、もの凄い怨みを込めたようなのです。そんな声のない叫びが渦巻いて、広島の空に響いているのを、ふと強く強く感じ、どきっとしてうしろを振り向いたのです。別に話し合ったのでもないのに、一緒に歩いていた友達が、同じような体験をして、うしろを振り向いた。そういうような体験を、昔の人は死霊という言葉で語ったのだろうと思いました。身体中の毛がよだつような感じでした。ですから、そういう体験はあるのでしょう。しかし、それは死霊あるいは霊魂があるとかないとかということとはまた違うと思います。

冥衆護持とは、死霊や霊魂が人間に障りをし、祟りをし、祀らないとどうだというような恐れから解放されていくことを意味しているのでしょう。それは、もっと広い、眼に見えない世界に住むものから、むしろ護られるという安らかな世界をいただくのだと解釈してもよいかと思います。

更に、「至徳具足の益」。大きな徳を賜わったのだから、いまさら努力して善をし、徳を積むというようなことは要らないということです。「転悪成善の益」。これも分かりますね。「諸仏護念の益」、「諸仏称讃の益」。諸仏からほめられる。これはよい言葉で、あなたはよいものを得られたという感じです。ほめられるというのは、大変な喜びでしょう。お前そんなものを得たのかというのではなくて、本当によいものをいただかれた。私も嬉しいと、さまざまな方からほめられることです。「心光常護の益」。これは先ほど引いた和讃に「弥陀の心光摂護して」と出ております如来の慈悲の光、あるいは智慧の光に常に照らされ護られているという利益です。だから心に喜びが多い。すなわちこれが「心多歓喜の益」です。そのことによって、如来のご恩というのを初めて知った。

知ったからご恩に応えたい。こういう願いを感じてくる。これが「知恩報徳の益」です。では、どのような道で、如来の恩徳に応えようとするのか。大悲を身をもって生きていくという、その願い、その道においてである。ここに「常行大悲の益」があります。そして全体を結んで、必ず大涅槃の証りにいたる道を、凡夫であるわれらの上にまちがいなく実現する利益、すなわち「正定聚に入る益」です。

初歓喜地から阿羅漢へ

ほぼこういう内容で、親鸞は、金剛心が人間に実現する利益を十種挙げています。如来の心光に護られる、したがって歓喜が多い。この信仰のゆえの喜びを金剛心の大切な内容としてよく知っておきたいと思うことです。こんな喜びが人間にあるのかという、大きな喜びをいただくことができた。人生に勝ったというのは、ひとつの阿羅漢道ですから、喜びというものをも超えている確信でしょうけれども、同時にそれは感情の面では、本当の喜びを知ったという体験だと理解してよいと思います。それを親鸞は「行巻」の中で次のように表白しています。

しかれば真実の行信《ぎょうしん》を獲《う》れば、心に歓喜《かんぎ》多きがゆえに、これを「歓喜《かんぎ》地《じ》」と名づく。これを初果に喩《たと》うることは、初果の聖者《しょうじゃ》、なお睡眠し懶堕《らだ》なれども、二十九有《う》に至らず。いかにいわんや、十方群生海《ぐんじょうかい》、この行信《ぎょうしん》に帰命《きみょう》すれば摂取《せっしゅ》して捨《す》てたまわず。かるがゆえに阿弥陀仏《あみだぶつ》と名づけたてまつると。これを他力《たりき》と曰《い》う。

ここをもって龍樹大士《りゅうじゅだいじ》は「即時入必定《そくじにゅうひつじょう》」（易行品）と曰《い》えり。曇鸞大師《どんらんだいし》は「入正定聚之数《にゅうしょうじょうじゅしじゅ》」（論註）と云《い》えり。仰《あお》いでこれを憑《たの》むべし。専らこれを行ずべきなり。

「真実の行信」、すなわち金剛心を獲れば、心に歓喜が多い。なぜかというと、人生にふと疑問を感じて求道心を起こして以来、長い間求め求めてきたものに、今初めて遇うた。学ぶべきものは、今学び終った。見るべきものは見終った。この求道心の満足がここにあるからこそ、喜びが多いのだ。このように推求することができるのではないでしょうか。金剛心を獲た時に、心に歓喜が多いということは、いかにも意味深いと思います。親鸞はそれを、「歓喜地と名づく」と述べています。更に「これを初果に喩うることは」と、「初果」という言葉を挙げています。初果というのは、預流、一来、不還、羅漢と、初期仏教で、聖者と呼ばれる人間のあり方が立てられている中の「預流果」を言います。凡夫が修道によって、聖者と呼ばれるものになっていく四つの段階の一番目です。聖者の流れに預かるということで、無漏の智慧を得て、初めて迷いの中にある凡夫というあり方を突破して、聖者と呼ばれる人々の仲間に加えられた段階です。「歓喜地」もそうです。「見道の初一念」と言うのですから、初めて真理を見た位です。無漏の智慧の眼が開かれた時、歓喜地に立つ。歓喜地というのは菩薩の第一段階ですから「初歓喜地」とも言います。

このように、初期仏教では、仏陀の教えを行ずることによって、煩悩を破る智慧を得て、凡夫＝迷いの中にあるものを突破して聖者と呼ばれる者になっていきます。その第一段階が、初めて聖者の仲間に加えられたという預流果です。それがだんだんと深まって、最後に人生そのものにうち勝ったという確信を持って生きるものになっていく。それが阿羅漢です。一挙になるのではなくて、やはり段階があるということでしょうか。

仏道われにあり

一方、大乗仏教では、凡夫が菩薩と呼ばれる者になっていきます。菩薩は更に十の段階をへて、如来になっていきます。修道によって実現する人間のあり方を、十の段階でとらえるわけです。最上の究竟《くきょう》した位が如来地です。このような修道の段階が立てられているのを踏まえて、親鸞は今、金剛心を獲れば、すなわち本願を信じ念仏するという自覚を得たならば、その時大きな喜びをいただくのだ、渾々《きき》として湧き出て止まない喜びが起こってくるのだ、と語るのです。

このような溢れるような喜びの表白は、妙好人たち、あるいは清沢先生の言葉などにも聞き取ることができるように思います。例えば手足をなくされたあの中村久子さんも、「ある、ある、ある。こんなにも沢山なものを、私は恵まれた」と最後に語っています。そういう溢れ出る喜びにおいて、凡夫という弱く惨めな者が浄化されていく第一段階が歓喜地です。そこに立つのは、初めて智慧によって真理を見た体験をもった時ですが、その歓喜地に、本願を信じ念仏する身に賜わったあの大きな喜びは等しいのであると、親鸞は尋ね当てていったことです。法然の教えに遇うて大きな喜びを得たと言うことにとどまらないで、この喜びが自分に何を実現してくれたのだろうかと、徹底的に推求していったのです。そして、大乗仏教が明らかにした菩薩道の初地に立たせてくれたのだというほかはない確かなものが、喜びという体験の中に実現しているのではないかと尋ね当てたのです。初期仏教の確立した、同じ人間の深まりで言うと、預流果に立った。初めて聖者の流れに加えていただいたという、あの体験の喜びと等しいのではないか。このようにとらえたのです。繰り返しますが、親鸞は法然の教えに遇うて大変嬉しかったという、非常に素朴で正直な個人的な体験をしっかりともっている人です。そして、その体験の意味を、遥かな仏教の歴史に加わったのだと探り当てたわけです。このような体験をもって、「仏道われにあり」、という確信をもつことになったのです。大体このような幅広い意味を凝集させて、「金剛心成就」の大切な内容だと見当を立ててよいと思います。

一二　不退の位に立つ

仏道の成就

　では、念仏が衆生にもたらす第二の利益である「不退の位に至ることを獲ることを彰す」について尋ねてみましょう。『歎異抄』の第一章は、「摂取不捨の利益にあずけしめたまうなり」という言葉で、念仏の利益、すなわち金剛心が与えられた感動と信念を述べています。

　ここで言われている「摂取」ということは、現代の言葉で言いますと、救済ということです。阿弥陀に救われた。それは体験として言えば、大変大きな喜びでしょう。求道心に目覚めて以来、求め続けていたものが今与えられたという喜び、満足の心。これは、いわゆる信仰の体験がうなずくことのできる信心の利益です。一応これでよいわけです。念仏する身となれば、人はこのような体験をもち、このようにして救われる。あるいは、このように救いの中に自分を見出すのだ。一応これでよいのです。

ところがそれだけでは、信仰の体験の喜びを直接に表白していると言うことは言えますが、親鸞の言おうとする気持ちからすると、なお言い足りないわけです。喜びとか、救われたとか、人間の弱さにうち勝ったとか、そういう心を獲たという信念が実現するもっと積極的な意味を親鸞は尋ねていったのです。それを「不退の位に至ることができたのだ」と語るのです。これは何かと言いますと、〝仏道の成就〟ということです。ここらがすぐれた仏教の思想家としての親鸞の面目だと思います。「不退の位に至ることを獲」というのは、大乗の思想家、仏道の思想家としての親鸞の思索が探り当てた、この体験のもつ意味です。先ほどの名号釈で言えば「必定」です。こういうことを、救われた喜びを語る以上に力をこめて語るのです。

『摧邪輪』による「ただ念仏」批判

既に尋ねたように、法然が亡くなった後すぐに、門弟の代表である隆寛によって『選択集』は出版されました。ところが出版されるや、直ちにそれを読んだ明恵が、非常に大きな怒りを感じて、すぐ筆を執って『摧邪輪』を書いて、徹底的に『選択集』を反駁批判しました。明恵は当時の仏教を背負って立った人ですから、この『摧邪輪』は非常に大きな感化と共感を得ました。ですからこの『摧邪輪』が一度書かれた後、『選択集』はさまざまな批判や誤解を受けていくこととなりました。法然が言う浄土宗の全部は邪道である。仏教を誤るものである。弁解の余地はない。なぜならば、仏教の全部を支えているのは菩提心であるにもかかわらず、『選択集』は雑行として捨てたからだ。こういう批判が骨子です。今読んでみますと、実に立派な大論文です。

このような『摧邪輪』という思想的な本によって、いわゆる理論武装をしながら、比叡山を中心とする伝統仏教は、法然の「ただ念仏」を旗印とする仏教運動を弾圧しました。それに対して、弾圧した比叡山に生きた仏教があるのか。こう親鸞は問わざるを得なかったのでしょう。そして、比叡山や興福寺という伝統仏教を代表する大教団にある仏教の現実を改めて見ると、仏教とは名ばかりであって、実質は外道に頽落《たいらく》しているという悲歎すべき事態が見えるばかりだったのです。

外儀《げぎ》は仏教のすがたにて
内心外道《げどう》を帰敬《ききょう》せり
（『正像末和讃』）

というふうに悲歎するほかはない、旧仏教の惨めな現実が、そこにあるではないか。一人の仏教者としての親鸞が、痛切に身に感ずる、痛むべき仏教の現実があったわけです。それにもかかわらず、この事実に無自覚である旧仏教は、時機相応の仏道を明らかにしようとする法然の仕事を闇雲に弾圧する。全体が悲劇ではないか。こういうふうに事態が見えてきたのです。

仏道のいのちの回復

そのように非難と誤解の中に投げ出された、法然の〝真宗興隆〟の大切な仕事を表す『選択集』、これはいかなる仏道であるかを開顕しなければならない。この課題を親鸞は責任をもって『教行信証』で果たしていくのです。『教行信証』もまた、法然の弟子としての親鸞ですから、選択本願の念仏こそがわれらのたすかる道だ、このことは踏まえて一歩もはずしていません。ただ本願の念仏のもっている意味を、法然が語ったよりも、もっともっと深く掘り下げていったのです。掘り下げた跡が今尋ねようとする「不退の位に至る」ということなのです。

法然の真宗興隆の仕事を傷つけた伝統仏教は、既にその仏道としてのいのちを失っている。そのような悲歎すべき現実の中で、仏道のいのちを回復するのだというように、親鸞は自分の仕事に歴史的な意味を自覚していったと思われます。その核心が「不退の位に至る」こと、つまり仏道の成就です。この仏道のいのちは旧仏教には既にない。他方では、法然の新しい仏教運動が傷つけられていく。その失われた仏道のいのち、あらゆる人間を如来の無上涅槃の世界へ喚び帰す道に立たしめようとする仏道のいのちを、本願の念仏において回復するのだ。親鸞は、大変大きなスケールで、自分の果たし遂げようとした仕事の歴史的意義を自覚したに違いないと思います。それが親鸞聖人における真宗興隆の内実なのです。

本願の名号についての親鸞の了解の要点を、われわれはほぼ以上のように尋ねることができると思います。要するに親鸞が念仏について語る時、その事実は「称無碍光如来名」、南無阿弥陀仏と称えることです。その際、称念される本願の名号の根源的意味は、本願招喚の勅命であり、われらを本国浄土へ招喚する声として、〝聞かるべきもの〟です。ですから親鸞が念仏と言った時、われわれが南無阿弥陀仏と如来の名を称えることであることはもちろんですけれども、同時にもっと大切な意味は、それにわれらを招喚して止まぬ大悲の願心を聞くということです。いわゆる〝聞名〟です。南無阿弥陀仏に、如来の本願の声を聞くことです。

こうして親鸞は、称名を聞名に根源化して捉えたのでした。〝本願の名号、われらにあり〟。念仏と言っても、実は名号、すなわち本願の名のりがそのいのちです。ここが親鸞の名号解釈の一番重要な内容と言うべきだと思います。

一三　誓願一仏乗

誓願一仏乗

親鸞聖人に限りませんが、優れた人物の人生、あるいは信念、思想を尋ねていくときの非常にわかりやすい視点として、どういう人間であり、どういう人生を生きた方であるかという視点と、どういう信念を持ち、どういう思想を形成した人であるかという視点の二つがあります。いわゆる人と思想です。親鸞の人物像は、自分を「愚禿釈親鸞」と名のった仏者です。あるいは、長い遍歴を経て、自分を「愚禿釈親鸞」と名のる者にまで鍛えていった仏者であったと理解することができます。

一方、その思想ですが、「愚禿」と名のった仏者である親鸞が、どういう仏道の信念を、どういう仏道の了解をお持ちになっていったのか。これは大きな課題です。それを尋ねて、一つの基本的な見方として、例えば『歎異抄』を通して、親鸞聖人の信念、思想をうかがえば、念仏往生の仏道に立った仏者でしょう。これは誰しも異議なく了解している親鸞の思想です。しかし、もし親鸞が自ら筆を執って表明された信念を『教行信証』によって尋ねるならば、念仏往生を信念として持った仏者と言うだけでは充分ではありません。一人の念仏する仏者として身をもっていただかれ、生きていかれた仏道は、単に念仏往生の仏道というよりも、はるかに大きなスケールを持っている。その大きなスケールを持って明らかにされた本願の仏道を、聖人ご自身は「誓願一仏乗」という言葉で表明しています。如来の誓願によって実現する、群萌に開かれた無上仏道という意味を表す言葉です。「行巻」で親鸞は次のように語ります。

「一乗海」と言うは、「一乗」は大乗なり。大乗は仏乗なり。一乗を得るは、阿耨多羅三藐三菩提《あのくたらさんみゃくさんぼだい》を得るなり。阿耨菩提はすなわちこれ涅槃界《ねはんがい》なり。涅槃界はすなわちこれ究竟法身《くきょうほっしん》なり。究竟法身を得るは、すなわち一乗を究竟するなり。如来に異なることましまさず、法身に異なることましまさず。如来はすなわち法身なり。一乗を究竟するは、すなわちこれ無辺不断なり。大乗は、二乗・三乗あることなし。二乗・三乗は、一乗に入《い》らしめんとなり。一乗はすなわち第一義乗なり。ただこれ、誓願《せいがん》一仏乗なり。

「阿耨多羅三藐三菩提」の「菩提」というのは如来の智慧ですから、要するに無上菩提と言ってよいでしょう。そして涅槃、法身、これらはみな、如来の智慧の境界を表す言葉で、親鸞がこよなく大切にした言葉です。ここには大乗仏教の精華とも言うべき大切な言葉が反復語られています。一つひとつ丁寧に解釈しなければならないところでしょうが、注意したいのは、大乗仏教の精髄を表す言葉を駆使する親鸞の思索が「ただこれ、誓願一仏乗なり」という言葉で結ばれている点です。浄土真宗は、誓願によって実現し保持されている一乗だということ、このことを親鸞は力をこめて顕揚しようとしていることが知られます。

私たちは凡夫として生きています。つまり、煩悩にまみれて生きる弱い人間として生きています。この感覚を持つことがなかったら、親鸞の教えに縁を結びようがありません。また、力弱い凡夫として生きているとともに、この世の泥にまみれて生きていかなければならないという、もう一つの面が私たちにはあります。現在、無惨な事件が繰り返し起きていますが、あれを他人事だと見るわけにはいかないという痛みは、誰にも感じられるでしょう。たまたまひどいことをした人の偶発的な出来事だというわけにはいきません。この世の厳しさ、私たちが生きているこの人間世界の無惨さの表現です。そういうこの世の無惨さから免れて、私たちは一人をきれいに、また一人を楽しむということがしたいけれどもできない。そういう意味でこの世の泥にまみれて生きていかなければならない。こういう過酷な運命を背負って生きている者でもあります。

そういう面を、親鸞聖人は『大無量寿経』の言葉によって「群萌」という言葉で表しました。私たちは凡夫として生きているとともに群萌として生きている。そのような群萌に無上仏道を開くのが、如来の誓願の最も大切なはたらきであるとするのが、親鸞の基本的かつ最も線の太い真宗理解であり、このような恩徳を「誓願一仏乗」という言葉で表したのです。当時、一乗の仏道と言えば、比叡山が真実の教えとして仰ぐ『法華経』を指しました。しかし、親鸞聖人は、真実教と仰ぐべきは如来の誓願を説く『大無量寿経』であり、如来の誓願はすべての人間を平等に如来の証りである無上涅槃の証りに至らしめる一乗の恩徳であり、そこに実現する大きなスケールを持った自覚道が真宗の積極性であると開顕したのです。

今、私たちは、そういう非常に大きなスケール、あるいは人類的な視野を持って仏道を了解し語られた聖人の仏道の信念をよく尋ね当てているだろうかと反省を促されています。「誓願一仏乗」という言葉が湛えている、大らかな信念というか、満々たる親鸞の自信を感じ取ることができれば幸いです。

群萌の一乗

親鸞聖人は、「誓願一仏乗」として本願の仏道の大切さを述べたあと、その誓願について、

おおよそ誓願《せいがん》について、真実の行信《ぎょうしん》あり、また方便の行信あり。その真実の行願《ぎょうがん》は、諸仏称名《しょうみょう》の願なり。その真実の信願《しんがん》は、至心信楽《しんぎょう》の願なり。これすなわち選択《せんじゃく》本願の行信なり。その機《き》は、すなわち一切善悪大小凡《ぼん》愚《ぐ》なり。往生《おうじょう》は、すなわち難思議《なんしぎ》往生《おうじょう》なり。仏土は、すなわち報仏報土なり。これすなわち誓願不可思議《せいがんふかしぎ》、一実真如《しんにょ》海なり。『大無量寿経《だいむりょうじゅきょう》』の宗致、

他力真宗の正意《しょうい》なり。

と述べています。〝真宗の大綱〟というべき文です。こういう言葉で、聖人は渾身の力をふるって、念仏の仏道、もしくは本願の仏道こそが本当の仏道だと訴えているのです。真宗は「選択本願の行信」が獲得されたところに余すところなく実現し、「選択本願の行信」を獲得した我らを無上仏道に立たしめる。これが親鸞聖人の確信です。比叡山が、末法濁世に生きて苦しむ凡夫の救いを願って、「ただ念仏」ということを深い愛情を持って語っていった法然上人の信念の吐露、大悲の実践を理解しないで、傷つけていった。その事実を見るならば、比叡山が『法華経』をもって真実の教えと仰いでいる、その全体が虚偽ではないか。こういうような憤りというか、むしろ深い悲しみと痛みが聖人に強く動いたと思います。

「選択本願の行信」というのは、本願を信じ、念仏するこころということです。私たちは、ひたむきな、あるいは切実な思いに促されて、真実の言葉が聞きたいという要求を感じます。これが求道の要求です。こういう要求が聞法を促しているわけです。教養を深めてみたり、知識を増やしてみたりすることは、生死の事態に突き当たったときには、何の意味もありません。求道の要求に促され、聞法を大切にする努力が、やがて私たちの中に、念仏しようという思い、念仏するこころが湧き起こってくる体験を生んできます。『歎異抄』はそれを「念仏もうさんとおもいたつこころのおこる」と伝えています。これがおそらく、六角堂で得た聖徳太子の励ましに促され、吉水の草庵に法然上人を訪ね、百日に及ぶひたむきな聞法に身を励まされ、生死出ずべき道、すなわちこの迷いの人生の悲しみを超えていく道を、念仏によっていただくのだと法然上人が一筋におっしゃるのを聞きぬき、おっしゃるとおりだと身体全体をもって信知した、親鸞聖人の根本体験の感動の表現だったと思います。そして、その体験に、親鸞聖人の聞思は「本願招喚の勅命」を聞き当てたわけです。本願が私のうえに阿弥陀仏に南無せよと名のってくださっている、その名のりをいただいたのであるかと会得して、本願に目覚めたという了解が、大切なものとして獲得されたのです。

このように親鸞聖人の生きていかれた信心は、必ず行信です。本願を信じ念仏する、念仏において本願に目覚めていく。解釈、理解はどちらでもよいですが、よく考えるべき大切な親鸞聖人の信心理解です。しかも、親鸞聖人は、聞法によって行信を獲得する、つまり「念仏もうさんとおもいたつこころ」を獲得するについては、ひとえに法然上人の教えの賜物であったので、法然上人の本願理解を表す「選択本願」という言葉をつけて、「選択本願の行信」とおっしゃるのです。法然上人が獲得し、立ち、生きていかれた、あの選択本願に目覚めて念仏する、そのこころを私もまたいただいた。そのような選択本願の行信が獲得されたところに、「誓願一仏乗」、大乗の仏道そのものと讃嘆すべき真宗は、余すところなく実現する。その選択本願の行信を獲得して、大乗の仏道に立つ者とは誰だろうか。それは「一切善悪大小凡愚」、すべてのいのちある者である。往生は「難思議往生」であり、そこにいただかれる浄土、如来は「報仏報土」である。それは信心が体験する浄土であり仏さまであって、おいでになるとかと考えられる浄土や仏さまではない。これが「誓願不可思議」が実現する仏道であり、「一実真如界」、つまり無上涅槃の功徳のはたらく世界に触れる仏道であり、「『大無量寿経』の宗致」すなわち要であり、「他力真宗の正意」である。このように親鸞は、真宗の大綱として「行巻」で述べるのです。

涅槃無上道

浄土真宗という仏道の内容を、聖人は、真宗の大綱としていくつか述べますが、「証巻」冒頭の文章もそのひとつです。この「証巻」の、真宗の大綱が、浄土真宗という仏道の一番基本となるものであり、かつ積極的なものです。

謹んで真実証を顕さば、すなわちこれ利他円満の妙位、無上涅槃の極果なり。

と「無上涅槃」と語ります。「涅槃無上道」は『華厳経』の言葉ですが（「信巻」）、「証巻」では「選択本願の行信」によって、私たちがいただいていくものは、「涅槃無上道」に立つ人生であると述べています。

「真実証」と言えば、仏道の伝統において、言うまでもなく如来の証り、「無上涅槃の極果」です。これは比叡山であろうと、東大寺であろうと、およそ大乗仏教を勉強した人であれば、誰もが共通に持っている了解です。しかし、聖人は、到達点である無上涅槃の証りにおいて語るのではなくて、私たちが涅槃の証りに向かって生きていく一歩一歩の歩み、つまり「自覚道」において真実の証りを顕かにするのです。無上涅槃の証りに向かって生きていく道程は、到達点としての無上涅槃の証りではありませんが、むしろ無上涅槃の証りの具体相、現実相として、この人生の中で体験されていくものです。これを浄土真宗の仏道として大切に語るのです。

こういう文脈で、親鸞聖人は、

しかるに煩悩成就《ぼんのうじょうじゅ》の凡夫《ぼんぶ》、生死罪濁《しょうじざいじょく》の群萠《ぐんもう》、往相回向《おうそうえこう》の心行《しんぎょう》を獲《う》れば、即《そく》の時に大乗正定聚《だいじょうしょうじょうじゅ》の数《かず》に入るなり。正定聚《しょうじょうじゅ》に住するがゆえに、必ず滅度《めつど》に至る。

と続けます。「行巻」で「選択本願の行信」と性格づけられた「念仏もうさんとおもいたつこころ」を、「証巻」では、二種回向の了解を踏まえて、「往相回向の心行」という言葉で述べています。「行信」と「心行」と、なぜ順序が逆になっているのかというのは、意味のない知識欲に動かされた詮索であって、そんなことはどうでもよいです。こういう言葉で何を語っているのかが大切です。

時代の流れというのは、一人ひとりの努力ではどうにもならない、大水のときに溢れた川へ流されるようなものですから、手も足も出ない世の中の流れに、私たちは流されていかざるを得ません。この世の泥にまみれて、この世の無惨さの中に巻き込まれ、無常の厳しさに溢れたこの世に生きて、確信を持って生きていきたいけれども、途方にくれることが多い。けれども、そういう「煩悩成就の凡夫」である私たちが、ひとたび「往相回向の心行」を獲るならば、「即の時に大乗正定聚の数」に加えられていくのである。正定聚の位に加えられたからには、必ず無上涅槃の証りに至る自覚道に立つのである。このように述べるのです。

難思議往生

「往相回向の心行」の「往相回向」について、「私たちが浄土に往生する一切の仕掛けをお与えくだされること」、あるいは「私たちが浄土に往生して直ちに成仏する、そういう往相を回向してくださること」と言うような見解がありますす。いずれも間違いではありませんが、充分ではありません。今の人生のただ中で、必ず無上涅槃の証りに至るという人生の歩みを実現させる如来の恩徳、あるいは本願のはたらきが往相回向です。確かに「往相」とは「往生浄土の相」という意味ですが、親鸞は、私たちを「浄土に往生せしめる回向」ではなくて、この現生のただ中で行信を獲た衆生を正定聚の身としてくださる本願のはたらきとして往相回向を了解するのです。その本願のはたらきは、三つの本願のはたらきとして示されます。第一は「諸仏称名の願」、第二は「念仏往生の願」、第三は「必至滅度の願」です。この三つの本願のはたらきによって、信心を得た者をこの人生の中で正定聚の位に住せしめ、自然法爾に無上涅槃の証りに向かって生きていく人生に立たせる。その本願のはたらきが、親鸞の言う往相回向です。往生浄土などということは、親鸞は直接には言いません。

親鸞聖人の往生理解の基本となる言葉は『一念多念文意』にあります。

真実信心《しんじつしんじん》をうれば、すなわち、無碍光仏《むげこうぶつ》の御《おん》こころのうちに摂取《せっしゅ》して、すてたまわざるなり。「摂《せっ》」は、おさめたまう、「取《しゅ》」は、むかえとると、もうすなり。おさめとりたまうとき、すなわち、とき・日《ひ》をもへだてず、正定聚《じょうじゅ》のくらいにつきさだまるを、往生をうとはのたまえるなり。

「往生」というと、私たちがこの世から浄土に生まれていくように思うけれども、そうではなくて、行信を獲ることによって、「とき・日をもへだてず」現生に正定聚の身となることである。それを『大無量寿経』が「即得往生」と教えてくださっているのだ、と述べています。いま尋ねています「往相回向の心行を獲れば、即の時に大乗正定聚の数に入るなり」を思うことです。このように親鸞は、往生を先に述べるのではなく、現生正定聚を語り続けます。もし往生という浄土教の伝統的な知見を大切にするならば、住正定聚・立涅槃無上道を「難思議往生」と言うのです。往生以上に、親鸞は非常に強い信念の吐露として、「正定聚」、「大涅槃」を語り続けてくださっているのです。

浄土の家族

では、その現生正定聚に住して涅槃道に立った、この感謝すべき、うれしさに満ちた人生とは、どういう生き方であり、どういう内容を持った生き方であるか。親鸞聖人は、正定聚に住するいのちを得た人は、実は浄土の功徳をこの身に体験しているのだという了解を展開していったと思われます。「証巻」で現生正定聚を述べた後、親鸞は『浄土論註』の妙声功徳、主功徳、眷属功徳、大義門功徳、清浄功徳を語る教言を引文します。これは曇鸞大師が、天親菩薩の教えられた二十九種の浄土の功徳から、五つを引用されたものですが、これがその証拠です。親鸞の考えでは、安楽浄土という阿弥陀如来の浄土は、遠くにあって願い求めるものではなくて、信心を獲たときに生き生きと体験されるという、感謝すべき世界を言っているのです。

同一に念仏して別の道なきがゆえに。遠く通ずるに、それ四海の内みな兄弟とするなり。眷属《けんぞく》無量なり。

これが浄土の眷属功徳です。如来の恩徳により正定聚に住した人は、〃浄土の家族〃に加えられたのである。この喜びです。

念仏する人は「如来の家」（「信巻」）に生まれるとも言われます。信心を獲た者は、浄土の家族に加えられる。この家とか、家族とか、一族とか、非常に具体的な形で、信心を獲た人の喜びを、龍樹菩薩や天親菩薩という偉大な大乗の思想家が述べていることに、私は非常な啓発を頂くのです。念仏の身となった人は、孤独ではない。私たちはどれほど孤独の厳しさに身を責められてきたことでしょうか。その孤独の中に泣いた私たちが、ひとたび念仏の身となったそのときには、如来の家に生まれていき、浄土の家族に加えられて、温かないのちの交わりに、いわば招き入れられていくのである。こういう大切な浄土の功徳を、「正定聚の数に入る」人は現に体験していると、親鸞はその了解を展開していくわけです。

そして、浄土の家族に加えられたその喜びが、孤独に身を責められてきた私たちにとって、どれほどありがたいものであるか、うれしいものであるかは、言うまでもなくよくわかるであろう。だから、お互い孤独に身を責められながら生きているこの世の中にあって、みんな「如来の家」の家族なのだ。こういう喜びを一人ひとりが共にしたい、そういう願いが自然に動いてくるだろう。その願いを誠実に生きていくことが、現生に正定聚に住して涅槃道に立った人生である。このように親鸞は語り、教えてくださっているように思われてくることです。

あとがき

この書では、考察の範囲を、曾我量深先生によって「伝承の巻」と了解された「教巻」と「行巻」に限定しました。そしてこの二巻に「後序」を加えて、この中から親鸞教学の根本問題と考えられる、幾つかの主題を選び出して、その内容を尋ねてきたことであります。そして疑問の余地なくはっきりと知ることができたことは、親鸞が開顕し、「浄土真宗」と呼んだ仏道が、どんなに仏教として積極的な性格と内実をもつものであるか、ということでした。その積極性を一言でいえば、親鸞が「行巻」に語っている「誓願一仏乗」という言葉が最も適切なものであろうかと思います。「弘誓一乗海」という言葉も使われていますが、意味するところは、要するに、如来の誓願を根拠とし、誓願によって成就する無上仏道ということでした。私はこの無上仏道、しかも「群萌」に成就する無上仏道という、浄土真宗の鮮明な性格にとても心惹かれるものを感じます。

『歎異抄』と同じように『教行信証』もまた、さまざまなアプローチが可能であろうと思います。この書で私は、真宗学を専攻する一人の学徒としてよりも、むしろ一人の生活人としての立場に立ち続けようとしました。その立場に立ちながら、『教行信証』が私に語り告げようとしていることに、虚心に聞き入り尋ね入ったことです。貧しい了解ですが、率直に表白したことです。もしこの書が、『教行信証』に学ぼうとなさる方々に、一つの門となることができるならば、私にとりましてこれ以上の喜びはありません。

文庫化にあたって

本書は、㈱筑摩書房より刊行された『シリーズ親鸞』のうち、第四巻「親鸞の仏道―『教行信証』の世界―」を文庫化したものです。

『シリーズ親鸞』は、二〇一一年、真宗大谷派（東本願寺）が厳修《ごんしゅう》した「宗祖親鸞聖人七百五十回御遠忌」を記念して、宗派が筑摩書房の協力を得て出版したものです。シリーズの刊行にあたり、監修を務めた小川一乗氏は、

いま、現代社会に向かって広く「浄土真宗」を開示しようとするのは、宗祖親鸞聖人によって顕《あきら》かにされた「浄土真宗」こそが、今日の社会が直面している人間中心主義の闇を照らし出し、物質文明の繁栄の底に深刻化している人類生存の危機を克服する時機相応の教えであるとの信念に立っているからです。本書を通して一人でも多くの方が、親鸞聖人の教えである「浄土真宗」に出遇っていただき、称名念仏する者となってくださる機縁となりますことを念願しています。

このシリーズは、執筆者各々が役割分担して「浄土真宗」を明らかにしたいと企画されました。そのために、担当する文献や課題を各巻ごとに振り分けて、それぞれを主題として執筆されています。それによって、引用される文献や史資料が各巻にわたって重複することを少なくし、「浄土真宗」の全体が系統的に提示されるようにいたしました。（中略）『シリーズ親鸞』は学術書ではありません。学問的な裏付けを大切にしつつも、読みやすい文章表現になるよう努めました。

と述べています。今回の文庫化にあたっては、その願いを引き継ぎ、さらに多くの方々に手にとってお読みいただけるよう、各執筆者の方々に若干の加筆・修正をお願いいたしました。本書を機縁として、一人でも多くの方が「浄土真宗」に出遇っていただけることを願っています。

最後になりましたが、文庫化にあたってご協力をいただいた㈱筑摩書房様、また、発行をご快諾いただきました著者の寺川俊昭氏には厚く御礼申しあげます。

二〇一七年五月

東本願寺出版

寺川　俊昭（てらかわ　しゅんしょう）

1928（昭和3）年生まれ。東京大学卒。文学博士。大谷大学名誉教授。専門は真宗学。著書『親鸞讃歌』『親鸞に出会うことば』（以上、東本願寺出版）、『往生浄土の自覚道』（法藏館）、『親鸞のこころ』（有斐閣）、『教行信証の思想』（文栄堂）ほか。

親鸞《しんらん》の仏道《ぶつどう》―『教行信証《きょうぎょうしんしょう》』の世界《せかい》―

2017（平成29）年7月31日　第1刷発行

著　　者　寺川俊昭
発 行 者　但馬　弘
編集発行　東本願寺出版（真宗大谷派宗務所出版部）
〒600-8505　京都市下京区烏丸通七条上る
TEL　075-371-9189（販売）
075-371-5099（編集）
FAX　075-371-9211
印刷・製本　株式会社京富士印刷
装　　幀　株式会社アンクル

ISBN978-4-8341-0561-2　C0115